# 点滴在心的处世艺术

## 人生没有迟来的顿悟

[美] 刘墉 著

北京联合出版公司
Beijing United Publishing Co., Ltd.

## 图书在版编目（ＣＩＰ）数据

点滴在心的处世艺术：人生没有迟来的顿悟 /（美）刘墉著 . -- 北京：北京联合出版公司，2022.2

ISBN 978-7-5596-5660-5

Ⅰ.①点… Ⅱ.①刘… Ⅲ.①散文集－美国－现代 Ⅳ.① I712.65

中国版本图书馆 CIP 数据核字（2021）第 227775 号

北京市版权局著作合同登记号：图字 01-2021-7093

经刘墉授权在中国大陆地区独家出版发行

## 点滴在心的处世艺术：人生没有迟来的顿悟

作　　者：[美] 刘墉
出 品 人：赵红仕
责任编辑：牛炜征
封面设计：吴黛君

北京联合出版公司出版
（北京市西城区德外大街83号楼9层 100088）
北京新华先锋出版科技有限公司发行
大厂回族自治县德诚印务有限公司印刷　新华书店经销
字数81千字　620毫米×889毫米　1/32　7印张
2022年2月第1版　2022年2月第1次印刷
ISBN 978-7-5596-5660-5
定价：30.00元

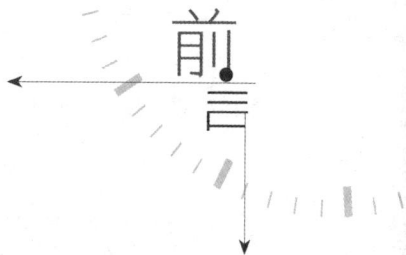

## 一个顽皮蛋的鬼点子

从小我就是个很顽皮的学生。

高中，我编校刊，但学校给的钱太少，印出来的书活像垫锅子的几张纸。于是我跑到校外到处宣扬，说我们校长特别支持校刊，我们就要扩张版面了。接着又回学校对校长说外面某教育局局长、某团主任说我们真走运，遇上这么个支持文艺刊物的校长。

我"戴帽子"的战略很成功，没多久，一大笔钱拨下来，校刊增厚了一倍。

　　大学三年级，我恋爱闹得昏天黑地，但是女朋友的父母不同意，唯恐我这艺术系的穷小子，拖累了"公主"的脚步，还警告她，如果乱谈恋爱就早早办休学出国。

　　我看情况不妙，有一天进教室，问谁带了图章，跟我去法院当"见证人"。于是上午登记，下午就办了公证结婚。我知道恋爱是两个人的事，只要她愿意跟我，天上"下刀子"也挡不住。

　　而今岳父岳母跟我们住在一起，已经三十多年，他们都帮助我、照顾我、欣赏我……

　　大学毕业那年，有团体请我去主持《全民自强晚会》。我说主持可以，但要自己写脚本。于是我每天跟着一群长官（当时由各中学校长组成），四处看场地、选节目。

我的脚本写出来，那些长官们东改西改，发表一堆意见，又说在体育馆因为有回音，所以要一个字一个字地说话，大家才听得清。

他们讲的，我全同意，但是到了演出那天，我一字未改，照样用我的方式主持。因为我知道有千万观众在看电视转播，电视观众的感觉更重要。据说节目很成功，而且使我一夕成名。

果然，没过多久，我就接到那个电视公司制作人的电话，说公司对他的主持人不满意，希望换我试试。我立刻兴奋地赶去，制作人却说那节目太老了，不如换个新花样，于是请我帮忙设计，并撰写脚本。

我忙了几天几夜，脚本写成，送过去，但结果却是石沉大海。又过一阵，发现那制作人带着老主持人，居然跳槽到另一家电视公司，开了新节目，用的第一集脚本正是我写的。但我没怨，只是回去对电视公司节目部的主管说："再设计一个节目，跟那跳槽的制作人打对台吧！我保证赢他。"我知道"怨"没有用，最重要的是抓住机会、东山再起。

不久之后，节目出来了，就是当年广告满档的益智节目《分秒必争》。

隔年，我进了电视公司当记者，公司要我开个《时事论坛》，那是台湾第一个新闻评论性节目。记得第一集，我找了一群学者讨论当年的大专联考，但是才录完，就接到通知，说台湾"教育部"官员要审查，审完之后又通知我"不准播，因为批评太多，影响考生情绪"。

节目开播的预告早发出去了，我急得像热锅上的蚂蚁，只好赶录别的东西，免得"开天窗"，同时把批评联考的录像带调出来，重新修剪。但我没真剪，只是锁在柜子里两个礼拜，又照原样送出去。而且播完之后打电话给各长官，问他们："这样是不是好多了？"每个长官居然都说："是啊！是啊！就是要这样，好极了！"

我知道这些大人先生只是挑骨头、摆架子，他们根本没再看。

一年后，《时事论坛》获得金钟奖。

十年过去，我到美国教书，并且利用寒暑假回台北，跟着国画大师黄君璧做研究，为他写成《白云堂画论画法》。起初我向一个学术文化基金会申请研究补助，被打了回票。

但我知道他们只是不信任我，所以当我把书做好，装订出样本之后，又送去试试，他们果然改变态度，欣然挂名赞助出版，并且大方地拨了几十万元。

又是十年过去，两岸开放了，我的书被介绍到祖国大陆，第一家签约的出版社，三年只印了一次。于是我换一家，并说前三个印次我一文钱版税也不拿，全交给他们做公关；结果才一年下来，居然就印了三次，而且愈印愈多，最终印了几十次。

有一阵子我被安排到各地签名售书，常看见出版社和发行商为利益争吵，还有人来向我告状，但我都装聋。

我更知道自己拿的版税与实际印数差异很大，我还是装糊涂。

我心里清楚，机关算尽、便宜占尽的人不见得会成功。你不把利益与人分享，别人又凭什么捧你？

又是十年过去。

据说，我是在祖国大陆最早告盗版经销商成功的作家。我也发现，由于时代进步，今天的出版社已经远比以前上轨道。我甚至用在祖国大陆赚的版税捐建了许多希望小学，而且把打击盗版获赔的每一分钱都捐作两岸公益。

回顾过去五十多年，我生于忧患，九岁丧父、十三岁惨遭祝融、十六岁吐血休学，住在废墟与违章建筑区，这些经历使我知道"大丈夫能屈能伸"，使我知道要常常"以退为进""以柔克刚"，但我只是迂回地前进，我始终知道心中的目标，而且坚持到底。

这本书里呈现的就是此种人生态度，怎样"眼明心清"地看待世界、虚与委蛇地应付权贵，又怎么看风使帆，航向心中理想的目标。

　　因为：人生的兴衰荣辱、用舍行藏，都是点滴
在心的滋味。

　　处世的尔虞我诈、欲擒故纵，都是妙不可言的
艺术。

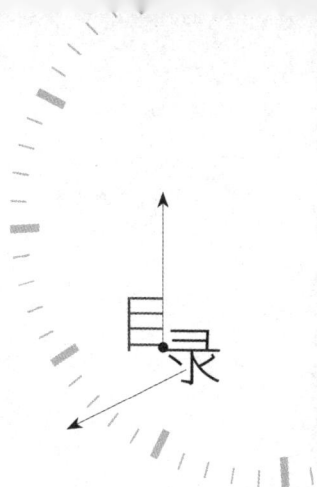

目录

# 第一章

# 告 你 顶 头 上 司

这世界上一切不合理的事，
都有个合理的解释；
它愈是不合理，
你愈是要小心。

　　老李热得快喷血了，在这亚热带地区的旅馆，居然用羽绒被，还开那么强的暖气，叫人怎么受得了？他翻来覆去，实在忍不住了，点亮灯，拨了个电话去客房部。

　　电话一直响，居然没人接，隔了半天，一个懒洋洋的声音传过来，显然值班的人睡着了。

　　"麻烦您送床毛毯给我。"老李说，"羽绒被太热了。"

　　"你怎么不看柜子呢？"懒洋洋的声音变得冷冷的，"柜子里有，自己拿。"说完，没等老李多说，就挂了。

　　老李起身打开柜子，最上面一格果然有毛毯，可是毛毯打开来，却找不到床单。老李怕再被骂，把整个房间都搜了一遍，检查了每个抽屉，还是没找到，又拨电话。

又等了半天，还是那个懒洋洋的声音。

"对不起！我找不到床单。"老李很客气地说，唯恐那小子又不高兴。

"把那羽绒被的套子拉下来，再塞进去就成了。"声音懒洋洋地回过来，还加一句："你不会呀？"

老李有点火了："对！我笨，我不会，麻烦你马上送过来，我等你。"啪！这回是老李先挂了电话。

气了这么一下，睡意都没了，老李坐着等，五分钟、十分钟、二十分钟过去了，居然还没人来。

老李火了，又拨电话。

没等老李开口，那小子先说话了："急什么嘛？我刚找到，马上送过去。"

又隔了一阵，门铃响了，老李打开门，是个二十多岁的小伙子，手一伸："喏！"

"你不帮我铺一下？"老李问。

小伙子头一歪，斜着眼睛，还摇着身子，看看老李："先生，几点了？你自己随便铺一下好不好？"

老李怔住了，天哪！全世界都跑遍了，不知住过多少大旅馆，这可是头一遭，碰上这么个浑蛋。好！你没礼貌，我有礼貌，老李手一伸，掏出一块钱美金的小费，递过去。

小伙子眼睛斜斜地瞄了瞄老李手里的钱，哼了一声："谢谢你，不必了！"没等老李说话，居然一转身，走了。

老李真是被气得七窍生烟，半天睡不着，第二天一早就去前台抗议。前台小姐倒很客气，静静地听老李抱怨。老李正一五一十地形容呢，旁边来了个老外，说英文，其中一位前台小姐答了几句，应付不来，忙拨电话，接着从后面门里走出个人，老李一看，正是那浑小子，小子居然用英文跟那客人聊起来，有说有笑。老李怔住了，停下来，听他们说话。洋人走了，那小子转身往里走，突然站住，转过头来，斜着眼睛看老李，就像夜里那样子，懒懒地问：

"怎么样？有什么不满意吗？"

老李没说话，快步穿过大厅，上电梯，直上十九楼，电梯里标示得很清楚，那是总经理办公室。

老李知道，跟柜台抱怨没用，那小子就在旁边，也不好多说。"很简单！"老李在心里冷笑了一下，"我告你顶头上司，你再有本事，也不能用这个态度对客人哪！而且，你崇洋媚外，对蓝眼睛一副嘴脸，对黄皮肤一副嘴脸。"

真好，总经理在，是个看来五十多岁老老实实的矮胖子，他殷切地招呼老李坐，又急着叫秘书倒

茶，堆上满脸笑容。上身向前倾，很亲切地问老李
有什么指教。

"昨天夜里……"老李才刚开始说，门开了，进
来个人，总经理立刻招手，要那人过去，一边为老
李介绍：

"来来来！这是李先生，这是我儿子，刚从美国
回来，我叫他从基层干起，熟悉业务，您有什么事，
尽管吩咐他。"

"是的！是的！"那人过来跟老李握手，"李先生
千万别客气，您有什么不满，我们一定立刻改进！"

老李笑了，笑得很尴尬：

"不用说了！不用说了！相信您早都知道了。"

外一篇

## 只怪生错了人家

前面周小姐做得好好的，为什么换这个吴先生来呢？

郑董事长实在不解投资公司是怎么想的。周小姐做郑董的理财专员已经三年了，虽然中间遇上SARS，赔了不少，但是整个算起来，资产比放在银行还多赚了最少百分之六。

而且周小姐十分勤快，常到办公室为郑董分析财经状况和新的投资项目；每逢过年，还会送个贵重的礼物过来。像那郑董现在桌上放的玻璃水壶，就是周小姐送的蒂芙尼产品。

可是这新接手的吴先生就不一样了，他很少跟郑董联络，有时候郑董要看看投资报表，也得等半天，才传真过来。更令郑董火大的是，过年不但没礼物，姓吴的小子连个电话也没打。

年假才放完，郑董就打电话给吴先生，忙不迭地问：周小姐最近好吗，是不是调走了，出国了？

"没有啊！"吴先生说，"还在我们部门哪！"

"那么……那么……"郑董有点不好意思地说，"我觉得过去跟周小姐很有默契，我是不是能有个不情之请……"

"您要周小姐回来做您的理财专员？"郑董没说完，吴先生倒挺敏感，主动说了，"可以啊！我这就把您的资料转回去给她。"

于是郑董又能听见周小姐银铃似的声音，和咔咔咔的高跟鞋声了。而且，大概是为了报答郑董的垂青，中秋节周小姐特意送了一盒从香港带来的燕窝月饼给郑董。

正好家里请客，都是业界的大老板，郑董就端出那燕窝月饼飨客，还特意介绍是周小姐送的。

"真的啊！"大家都叫，"可惜！可惜！我们都换成吴先生了，你真聪明，没换。"

赵董最直接，狠狠拍了拍郑董："怎么样，你这次赚了多少？赚得很多吧？"

郑董呆住了："赚什么？"

"买那个××基金啊！短短一个半月，涨百分之三十，少装蒜了，说！你赚了几千万？"

第二天才进办公室，郑董就把周小姐叫来了。

"那个××基金，为什么我不知道？"郑董沉声问。

"对不起！对不起！"周小姐直鞠躬，"因为我不知道他们在募集，等我知道的时候，已经满额了。"

"那赵董为什么知道？还有黄董、李总……"

"因为吴先生做他们的专员。"周小姐说，"吴先生最先知道。"

郑董气得站了起来："吴先生知道，你为什么不知道？"

周小姐眼泪都要掉下来了："我原来以为您知道，吴先生是我们总经理的弟弟，谁让我没生对人家呢？"


## 点滴在心

好！故事说完了，如果您还没弄清楚我要讨论的东西，就让我再讲几个亲身经历——

### 路边的李子都苦

有一年我去马来西亚的槟城，朋友请我在海边的一个餐厅吃晚饭。一边是海，有着习习的海风，水边挂着各色的小灯；一边是舞台，台上有歌星演唱。

我才进去，听到歌声，就吓一跳，天哪！怎么唱得那么好？把邓丽君、凤飞飞的神韵全唱出来了；入座之后，抬头看舞台，又吓一跳，那些歌星都长得多美啊！真是个个色艺双全。

这时候旁边的朋友笑了："你别以为是她们唱的，其实都是'对嘴'，背地里放邓丽君、凤飞飞的原唱带，她们只是装样子。"

我再看了半天，才看出来，果然有些"不很对"的地方。

正回头拍案叫绝，说她们技术真好，差点把我唬了的时候，朋友突然指指台上说："现在这个不是对嘴的，是真唱得好的了。"

我没回头，问他怎么知道，以为他在骗我。却见朋友一笑：

"你看！这女的多丑啊！就冲她这么丑，还能上台，就知道是真材实料。"

## 台上的烂人后台硬

去年我在祖国大陆坐飞机，由北京到某大陆城市。

祖国大陆近年的进步真是太大了，店员都变得亲切有礼，空中小姐也变得温柔体贴。那班飞机上也如此，小姐们忙前忙后地为乘客服务，不论乘客多烦，脸上都带着笑容。偏偏美中不足，就有那么一个空中少爷，语气和态度坏透了。

我实在看不过去，偷偷问为我递茶水的小姐，那空中少爷为什么那么没礼貌。

空中小姐一笑，小声说："去告他！我们也想告他，可是没用，谁让人家后台硬呢！"

**凭什么她唱八点档主题曲**

二十多年前，我在电视公司做记者，主跑影剧新闻。那时候有个连续剧正热，原来默默无闻的一个小歌星，也因为唱主题曲而走红，只是我每次看，都觉得她唱得实在不好，中气不足，根本不适合那曲子。

有一天，播这部电视剧的公司的大老板请吃饭，我就当着一桌新闻界朋友的面，对那大老板说："恭喜你们的新剧成功！但是有一点我不懂，你们为什么叫那个新人唱主题曲呢？我怎么看，她都不适当，唱得太差了！"

当时我以为同桌的影剧记者一定会附和我，未料没人出声，只听见大老板干笑几声，说要检讨。

但才离开宴会厅，就有个记者捅了我一下，小

声说："没想到你居然如此消息闭塞，你不知道那个
×××是大老板的情妇吗？"

## 处世艺术

年轻人，直！看到不顺眼、不合理的事，常会表
示意见，岂知道许多人就因为这"正义感"，招了祸。

### 修理他之前先探探他的来历

人都有眼睛，想想，凭什么一个不称职的人，
能够位居要津，而且那不称职，"不称"到了极点，
谁都能看得出来。

但也正因为谁都看得出来他不称职到极点，他
就一定有"非常称"的地方。

他可能像前面故事里的"客房部小弟"，兼"前
台柜员"，原来是那旅馆大老板的儿子，被老子安排

在每个部门学习，上上下下走一遭。

你居然敢批评他？搞不好，你下次回这旅馆，发现坐在十九楼老总办公室的已经是这个浑小子。你告状，有用吗？

你这是自取其辱啊！

再倒霉一点，如果你是那旅馆新聘的员工、小单位的主管，没先搞清楚这小子的来历，就在汇报里当众批评那小子，改天卷铺盖的是谁？

当然是你！你居然敢当众辱骂他儿子？

## 傍上了老大的女人

这世上不知有多少年轻人，就因为没搞清楚，乱批评，卷了铺盖；而且走了之后，都还不明白是怎么回事。

人际关系多复杂啊！

某女明星，很不怎么样，还能当主角，把戏都搞砸了，收视率奇低，却听说还要拍续集。

这时候，你别火，先想想，这里面有什么猫腻，说不定打听打听，就知道那女明星原来是提供广告的厂商包养的。

大老板愿意买广告，而且买满档，如果你又是那电视台的员工，你批评什么？

你要知道连你薪水袋里的钞票，都是那女人带来的。

### "不配"的人能长久，一定有他"相配"的道理

于是你要知道，这世界上一切不合理的事，都有个合理的解释；它愈是不合理，你愈是要小心，因为其中必定有你不知道的"反方向的原因"。

连那些怎么看都不配的夫妻，怎么看都不配的正副手，都一定有他们配合的道理。

他们床笫之间、办公室之内，甚至亲戚之间和政商之间，许许多多事情，岂是外人能摸清楚的？

　　你能摸清楚那嫁了又嫁，还会偷情，怎么看都不美丽、不年轻的温莎公爵夫人，居然会让爱德华八世宁可放弃大好江山吗？

　　他真是不爱江山爱美人吗？还是美人有他特爱的一些东西？

　　同样地，查理王子放着如花似玉、高贵出众的黛安娜王妃不爱，却整夜拿着电话跟卡米拉，那个别人的老婆，怎么看怎么不合适的女人谈情。

　　其中的微妙处，又岂是外人能知道的？

## 外交与内交

　　总之，你愈是发现无能的家伙，居然站在你头上，或跻身你的办公室，你愈要小心应付他。因为他一定有你不知道的"内交"或"关系"。

　　你也要知道，愈是有这种"内交"和"关系"的人，愈能够毁你、誉你、提拔你和踹死你。所以如果你不能跟他维持良好的关系，就一定吃亏。

## 他凭什么神？

现在让我们回到前面的第二个故事。

郑董的朋友都在一个半月间，赚到了本金的百分之三十，为什么郑董没赚到？

因为他不欣赏不够热情、不会拍马屁的吴先生，他喜欢漂亮又会送礼的周小姐。

只是，当吴先生知道有"好康"的消息时，周小姐却不知道。

吴先生凭什么神？就凭这一点！郑董知道了这一点，他能不回去找吴先生做他的理财专员吗？

## 理财专员分等级

你如果略懂得投资，大概会骂我瞎说，心想："既然吴先生和周小姐在同一个投资部门，又都是理财顾问、理财专员，当然有'好康'的，他们都会知道。"

如果你这样想，就太天真了。

你大概常在报上看到，政府请基金经理人谈话的消息吧？他们谈什么？

可能是希望大家在一片看坏的情况下，理性一点，别拼命"杀出"，免得股市狂跌，人心不安。

他们也可能希望大家"捧捧场"，把市场炒热一点。

好！那些基金经理人接着回公司，跟他下面的理财专员说，譬如希望大家拉抬一下电子。理财专员开始打电话给客户，说："电子有希望，要不要买一点电子股？"

如果你是理财专员，你会先打给"大户"还是"小户"？

你当然会先打给大户，因为大户一下子就敲进五千万，小户咬牙咬半天，考虑老半天，问了又问，才说放个十五万。

当上面告诉你可以拉抬，你才有几个钟头去做？五千万那种大户，你打通十个电话，就是五亿；至于十五万的小户，十通都谈成了，也不过一百五十万，你得打三百三十三通电话，才有十个大户的效果啊！

### 大户吃肉，小户喝汤

问题是，一堆大户进场拉抬，明天是不是很可能涨？

后天又涨，大后天还可能涨，这时候小户才接到电话，或自己发现，主动打电话问理财专员，说要加码。

小户加了！但是才加码，就开始跌。

而那些大户，可能在另外十通电话之后，就已经先出场了。

所以，赚的常是大户，赔的常是小户，除非你跟那些大户特别熟：他得到消息，进！你也跟进；他出，你也跟出。

## 虽不内线交易，总可以有内线消息

谈到这儿，你如果厉害，或许要追问我，那么周小姐也可以打个电话给郑董啊！如果吴先生手上的都是大户，周小姐是小户，郑董一定在小户中是鹤立鸡群，会第一个被通知才对啊！

听起来有理。但你要知道，有些消息是只有少数人可以私下说的。还有些基金、债券，配额有限，是先开放给少数人，并且需要排队的。

投资公司的大老板，和他们的后台，平常干什么？他们如果听到个风吹草动、政经可能的变化，回到办公室，他们会大肆宣扬吗？那是敏感问题，岂能乱说？

于是，当然愈近身的人，愈可能先知道。

### 小心台面下的游戏

好！说到此为止。只是我最后要做个结论：

在社会上，你表面看来愈是不合理的事，愈可能背面有个你看不到的原因。我不反对你做"谔谔之士"，只是在你"开骂"之前，先要弄清楚那背面的原因，搞清楚你批评对象的背景。

那背景愈是隐藏，愈"不足为外人道"，你愈是得小心碰触，因为那是"禁忌"和台面下的游戏。

往相反的方向想，如果旅馆大老板把儿子放到各部门实习；如果航空公司的头头把自己人放到基层历练；如果政界的大老，把自己人放到各单位"培训"。

当这消息隐藏，一般人都不知道，而且排斥那些"空降部队"的时候，如果你对"他"特别好，改天他"上去"了，你是不是可能"搭电梯"，成为他的班底？

这学问太大了，请看下一章。

# 第二章

# 王 董 的 厕 所 哲 学

只要有本事找
一批名人来抬轿子，
就别愁轿子里的猪八戒
不成名人。

下午，王董特意亲自跑了一趟银行，从保险箱拿出两幅画，接着又到裱框店，加钱，要求老板当场为画配上框子。

"今儿怎么想通啦？"王董回家才把画框外面的包装纸撕开，王太太过来笑道，"我早说嘛！好画放在保险箱里，不如拿出来欣赏。"

王董没吭气，找出锤子、钉子，拿着画，转身进了厕所。

"什么？你要把画挂在厕所里？"王太太跟过去问，"你吃错药了啊？"

"没办法，因为老邝要来家吃饭。"

"老邝是来吃饭，又不是来上厕所。"王太太忍不住笑了起来，"难道他在厕所吃饭？"

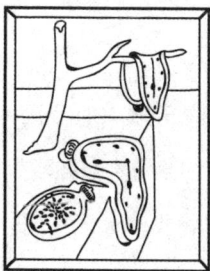

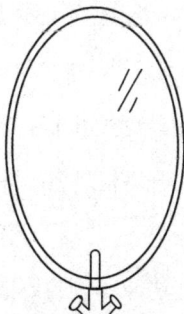

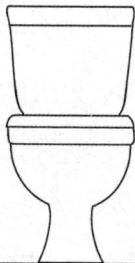

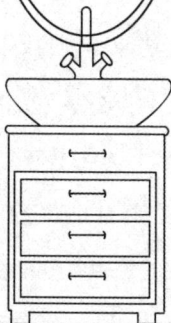

"你不懂啦！老邝这小子不好对付，伯克利大学同学四年，我知道怎么对付他。"王董气喘吁吁地把画挂好，又去酒柜里找出供在中间，一直舍不得开的那瓶好酒。

"你要拿这个招待老邝？"王太太叫了起来，"这么好的酒，你不是说要等咱们金婚才开吗？"

"等不及了，老邝这笔生意我非抢到不可，做了他的代理，再买五十瓶都不成问题。"王董边说边弯下腰，打开酒柜最下一格，把那瓶好酒塞了进去。

第二天早上，每个职员进公司都一惊，不敢吭气，然后到办公室交头接耳：

"天哪！方秘书怎么了？一定是得罪了王董，怎么被下放到门口当柜台小姐了？她居然还笑得出来呢！想必是眼泪往肚里吞。"

可不是吗？谁不知道她是王董的左右手，这个哈佛企管硕士，英文呱呱叫。王董虽然也是留美的，但是英文比方小姐差多了，据说写了英文信都要请方小姐看过之后，才敢发。方小姐一定是犯了大错，才会被踢出来。

方小姐真不简单，居然看来一点没在意，还对着每个进门的人笑呢！尤其是下午三点，进来个白头发的高个子，方小姐对他更是笑得甜。

那高个子居然开口说英语，一口英国腔。方小姐就笑得更灿烂了，跟那高个子有说有笑，接着拨电话给王董，但被那高个子挡住了。便见方小姐起身，带着高个子上电梯，经过各部门，一一为高个子用英语介绍，最后才进王董办公室。

王董一惊，立刻迎了出来："不是说四点到吗？我有失迎迓，真是失礼。"

"哈哈，我是突击检查嘛！"高个子说。

方小姐一怔，笑了："没想到这位先生会说普通话，我以为您是英国华侨呢！"

"笑话！"王董一皱眉，"邝先生是香港人，鼎鼎大名的邝世达，以前跟我在伯克利是同学，你不要没大没小。"手一挥，叫方小姐出去了。

"喂！"邝先生拍了王董肩膀一下，挑挑眉毛，"你的人，英文真棒啊！开玩笑！这么漂亮的人才，怎么让她坐门口？让给我好了，我聘！"

"No way！"王董一笑，"我的人，死也不会走的，不信你去问那方小姐，她跟不跟你走？"

邝先生又挑挑眉毛、耸耸肩："居然这么忠心？不简单，不简单！"

才说呢！王董已经按内线，把方小姐又叫了上来，还端了壶咖啡，十分优雅地为二人倒满。

"方小姐是在美国出生的吗？"邝先生端起咖啡，抬头问。

"报告邝先生，我不是美国出生，只是去念过几年书。"

"学什么？什么学校？"

"学企管，哈佛大学。"

邝先生震了一下，咖啡差点洒出来，接着把嘴巴张得大大的，指着王董，做成开枪的样子，小声对王董说："你啊！糟蹋人才。"

"不不不！怎么会？您想想，我明天就把她调上来做助理？年轻人嘛！要从基层开始历练。"

"我已经跟你老板说了，要好好用你这样的人才。"临出门，邝先生还特意去跟方小姐握手，还说谢谢她先带自己参观了各部门，介绍得很详细，用不着王董再带了。

大概因为提早离开，躲开了下班时间，才五点十五分二人就到了王董家。

"知道你不爱应酬，所以没敢请别人。"王董带邝先生参观书房，就见邝先生扶着老花眼镜一本一本地瞄，开玩笑："还是当年那几本课本嘛！"又一路走，进客厅，瞄墙上的书画，再瞄到酒柜，笑问："有什么好酒请我喝啊？"

王董摊摊手："真抱歉！忘了你是喝酒的，我因为不太喝，没什么好酒，让我找找看，说不定能找个一瓶半瓶的，酒不好你可别笑话。"说着弯下腰，打开最下面的柜门，伸手掏半天，掏出一瓶，递过去。

邝先生伸手接过，又扶了扶老花眼镜，突然大叫一声："你要我别笑话？只怕你是拿这么好的酒来笑话我吧？"他举起酒瓶细细地看，一边看，一边点头："了不得！了不得！这么好的东西，居然被你塞在那下面。"

"是好东西吗？"王董故作不知，凑过去看标签，"怪我不在行嘛！你又不是不知道，我品味不及你。"

"你品味确实有问题！"饭后，邝先生上洗手间，出来就对王董喊，"我问你，你厕所挂的'毕加索'和'达利'是真的还是假的？"

"大概是真的。"王董淡淡地说，"苏富比拍卖来的。毕加索那张只是速写，达利那张也小小的，挂在那儿倒挺合适。"

"天哪！老王啊！"邝先生摇摇头，指指客厅墙上，"你为什么不挂客厅呢！"

"嗳！客厅有这幅齐白石啊！中国人当然把中国画挂在正厅。"

邝先生回香港了，据说他立刻汇集了各方面的资料，开会讨论代理权该给谁。

"最重要，是得稳，不是看表面，那公司有多大、人有多少；如果表面好像很棒，没多久，财务出了问题，就算没殃及咱们，重新找代理也得损失。"邝先生最后拍板定案，"我这次亲自出马，发现我那老同学王董的公司是真人不露相，就挑他吧！"

## 点滴在心

### "大材小用"与"小材大用"

这一章谈的与上一章恰好相反。

上一章谈的是"小材大用"，那"小子"很可能有特殊的背景。

这一章谈的则是"大材小用"，怎么在小地方下功夫。

相信你一定有这样的经验——

　　看电影或电视剧时，明明主角演得不差，可是串场的路人甲、路人乙，或穿插的警察小贩，简直烂透了。很可能主角演将军，一看就是了不得的将才，虎虎生风、威势慑人，于是你心想他带领的必定是铁血雄师，偏偏这时候冒出个将军的属下，站没站相，怎么看怎么单薄，更不用说开口了，你说你倒不倒胃口？

　　你也可能看电视剧，场景演的是豪门巨富，可是沙发怎么看怎么俗气，墙上挂的是别的戏也都用的"外销商品画"，更好笑的是当那大富翁开门送客的时候，门卡住了，拉不开，再用力，门是开了，但是墙也摇了。原来是布景搭得不稳。

　　请问，碰到这种情况，煞不煞风景？

### 往小处下功夫

　　这还是在你先见过主角之后，才遇到的煞风景。

换个次序，如果戏刚开演，你还没见到演技一流的主角，就先看到那糟糕的路人甲、路人乙、士兵甲、士兵乙，你会怎么想？只怕你先冷了半截，心想：这主角恐怕也好不到哪里去。

相反，如果那些先出场的配角，居然个个演技精湛，给你的印象就完全不同了。你会猜，连个小角色都这么棒，想必主角更是了不得。

再进一步，如果先出场的小角色，居然由罗勃丹尼洛、艾尔·帕西诺或梁朝伟、刘德华客串，你是不是更佩服了："天哪！这戏的导演、制作，怎么这样厉害，连这些著名演员都为他挎刀？"

正因此，许多戏都会在前面字幕打上"××深情客串"之类；更鬼的是，有些戏，挂出来的演员可能非常有名，但是这种级别的人物只有开场和结尾的时候露露面，戏份加起来不过十分钟。

凡此，都是在小处下功夫。

### 商场上的"空城计"

让我们回头看前面的故事，那邝先生学历好、事业大、外文好，又不太爱交际，显然是个自视甚高的"务实派"。正因此，他自己出马，去探探虚实。

你再看看，他提早到，是为什么？他看王董书架上的书、墙上挂的画，这些物件他显然是从小看到大的。王董显然也因为知道他的个性，于是往小处下功夫。

要知道，那些自视甚高的人，你是很难用简报、参观和一堆数据说服他的。他不容易被说服，而且只要他觉得你意图说服他，就更难说得进话。他们相信自己的眼睛，愿意看你的底，只有你真正的实力，才能令他服气。

所以王董不把上好的红酒放在柜子里的"最尊

位",而故意放在不重要的地方。因为他知道如果放在"最尊位",到时候特意捧出来,效果就差了。那见多识广的邝先生一定会想:"哼!摆阔,先准备好名酒来笼络我。"

同样的道理,王董把方助理调到门口柜台,当邝先生一路用英语问东问西,发现那柜台接待小姐这么行,行得令他惊讶,心想"我公司经理都不一定及得上她"的时候,他是不是也当然"以此推想"——王董的公司卧虎藏龙,不简单!

## 隐私与隐德

举个最普通的例子,如果你打电话给某公司,总机小姐(或先生)礼貌周到、应对得体,你是不是马上先对那公司有个好印象?相反地,明明是个大公司,总机却连话都讲不清楚,如果加上态度不好,你又会怎么想?

　　再往前走一步，你进了那公司，找半天找不到要去的部门，随便抓了个职员询问，那职员说话有条理，态度又优雅，甚至为你带路，你又会怎么想？

　　人最爱看小处、暗处。某天你进办公室，听到某人正说你坏话，他立刻住了嘴，可是就算你没听清楚他说的全部，你是不是会记他一辈子？

　　相反地，如果你那天进办公室，没让任何人发现，却听到某同事正在赞美你，你是不是从此对他印象特别好？

　　为什么？因为那都是"背着你"说的话，那都是"隐私"的。

　　在暗处，不为人知的情况下造的罪，是"隐狠"。

　　在暗处，不为人知的情况下行的善，是"隐德"。

　　在小处，一般人不会注意的地方，你只要有一分好的表现，而且被人发现，那效果就会加倍。

## 厕所反而是门面

只是一般人不一定懂得这个道理。

譬如有客人来，只顾买好菜好酒，把客厅摆得漂漂亮亮，甚至把卧室弄得整整齐齐，唯恐客人进去参观，却不知道把厕所搞得特别讲究。

不信你去问问美国设计师，当豪宅做装修，豪宅里的许多间浴室，哪一间用的材料最贵。

八成答案是：Powder Room，也就是专给客人用的厕所。

厕所多重要啊！那是一个在喧哗的宴会中，唯一能让客人安安静静思考、观察的地方。美国有个恶作剧的节目，在厕所柜子里装满玻璃弹珠，结果好多客人都因为开柜子，弹珠倾泻而出，搞得糗透了。

真正重要的是，它反映了一件事——客人常会注意主人的厕所，甚至打开柜子瞧瞧。

## 品位往往在最细小的东西上呈现

你或许要说你每次去别人家上厕所，根本不看，上完就走。

但你要想想，那极可能是个很普通的厕所，搞不好还有臭味，你躲都来不及。相反地，如果那个厕所是用希腊的马赛克、流石的洗手台、大贝壳的肥皂皿、骨瓷的熏香罐，加上与石材色彩相配的大擦手巾，而且叠得整整齐齐，把下面锦缎花边露在外面。墙上还有一幅配了雕花镜框的小画，是原作，而且品位蛮高。

你是不是会多留片刻，好好欣赏一下？

你一边欣赏，一边会怎么想？

你是不是会暗自赞美那家主人的品位？

进一步，你是不是会想，他一定是富裕有余，才能生活得如此精致？

现在你也就了解，为什么王董会把贵重的小画，挂进厕所了。他连厕所里都能挂名家作品，他的收藏还会少吗？

## 处世艺术

### 愈是大人愈要不计小人过

把一等一的东西，放在三等三的位置，是非常大的学问。你即使是一等一的人，如果懂得处世，有时候也该"故意"把自己放在三等三的位置。

举个例子——

你是个了不得的名人，在餐馆用餐，侍者大概被你的名声吓倒了，手一抖，居然把汤汁弄到你身上。换作任何人，都要不高兴，都可能骂人，要餐馆赔偿干洗费，甚至少付钱。

而你，居然谈笑自若，还回头安慰侍者，说："小事一桩，不用惊动餐馆经理了。"甚至走的时候还赏了不错的小费。这消息传出去，人们会多么赞美你啊！

你站的位置愈高，你低姿态得到的赞美愈加倍；相反地，你高姿态的"嘴脸"愈会被丑化。

## 朋友有面子，你有里子

又譬如你是长官或名人，你的部属、朋友结婚或办丧事，请你大驾光临，挂个名。

届时，你居然早早到了，自告奋勇，坚持在胸前挂个总招待之类的条子，站在门口。每个进来的人都吓一跳："天哪！某老大居然站在门口做招待。"

客人们会怎么想？他是不是会想以你这身份，都纡尊降贵地做招待，可见与那主人有多深的交情，那主人又是何等了得！

你是不是给主人做足了面子？他就算不感念你一辈子，也要谢谢你半辈子。

没错！你是把"一等一"的自己，放到"三等三"；但是那对你有伤害吗？你如果没有那个气度，怎么可能自愿做"三等三"？大家只有佩服你的份。

既显示了自己的平易近人和度量，又为朋友做足了面子，这一举两得，就是处世的最高艺术啊！

### 千里马与郭隗

最后，让我说个《战国策》里的故事——

燕昭王请教一个叫郭隗的学者：怎样才能找到贤才。

郭隗说："古时候有位君王想求千里马，但是找了三年都找不到。下面有个文书官自告奋勇出去找，三个月之后找来了，却是一匹已经死掉的千里马，

而且居然花了五百金。国王大怒，那小官却说：'您
连死马都愿意花五百金，表示您是肯花大价钱买千
里马的人，消息传出去，好马自然就来了。'果然，
没多久，国王得到了三匹千里马。"

郭隗说完，指指自己："大王既然想求贤才，就
由我开始吧！如果像我郭隗这样的人都能被重用，
比我强的人自然就会来了。"

燕王居然真为郭隗盖华丽的宫殿，而且尊他为
师，果然没多久，各路好汉全来投效燕王。


## 大家都赢了

听完故事，你想想，那以五百金卖死马的人是
不是可能发了？搞不好，那小官也"发了"。但是
换个角度，国王得到了千里马。

还有，燕王找贤才，最先占便宜的是谁？

是郭隗啊！

　　郭隗不是既为自己谋得了高官、豪宅，而且为燕王找来一群人才吗？

　　郭隗这招，多高哇！一石数鸟，利己利人。

　　这不是处世的艺术，是什么？

# 第三章

## 阿 珠 的 血 拼

认清谁是主角，
不要喧宾夺主；
认清谁是主客，
把上座让给他。

好大一家店，全是名牌，看得阿珠眼睛都直了，拉拉秀英的袖子："都是假的啊？"

"开玩笑！全是真的，百分之百真的。"秀英大声叫出来，把店员都惊动了。

秀英对店员挥挥手："不用你们帮忙，我们自己试穿。"店员才转身离开。接着就见秀英左一件、右一件，好像看都不用看，就抱在手上。

"你穿得了这么多吗？"

"当然！"秀英回头一笑，"你不知道我是上流美吗？"她指指衣服："你也挑几件嘛！买不买，试了再说！"

"我跟你来，以为你是买名牌仿冒品。"阿珠耸耸肩，"真的，我买不起。"

"买不起，穿穿、照照镜子也好嘛！"秀英打量一下阿珠，又看看挂着的衣服，随手就抓了三件，交到阿珠手上，"保证把你美死！"接着对店员扬扬下巴，便径自带着阿珠往试衣间走去。

里面一大排试衣间，门都开着，但是秀英没进去，她带着阿珠直直走，又转弯，推开一扇重重的门，里面黑黑的，有个小楼梯。

"你要干什么啊？"阿珠小声问，声音直发抖。

"你跟着就是了。"秀英居然上了楼，经过一道长长的地板走廊，再推开一扇门。哇！阿珠被吓到了，里面居然全是名牌衣服和皮包，连金表、钻表都有。

立刻有个店员，把秀英和阿珠手上的衣服接过。阿珠正要跟过去，却被秀英一把拉住："别急嘛！我们再看看有没有其他好东西。"

"我一件都买不起，我不看了！你看吧！"阿珠说着过去掀起一件衣服，看了看标价，倒抽口气，还倒退了两步，忙拉秀英，"我没看错吧！他们一定是标错了，怎么这么便宜？"

"少问，喜欢就拿。"

阿珠又过去翻其他的，果然价格都只有外面的十分之一，她心想，这些衣服一定是风渍或过时的，可是左看右看，一点问题都没有，而且跟外头店面陈列的一模一样，都是最近推出的款式。于是，阿珠开始拿，抓了一件又一件，简直抱了一堆。

转头看秀英更厉害，不知什么时候弄来一个小推车，死命往车上堆。刚才那店员从里面出来，手上又抱了一堆衣服给秀英，还拿了两件交给阿珠。

"这……"阿珠一惊。

"这不是你刚才挑的吗？"秀英说，"买吧！"

"太贵了，我不买。"

"你别急嘛！"秀英用手指戳戳阿珠，"你看看标签！"

阿珠翻到，又一惊，怎么标签换了，只有刚才外面的十分之一。

阿珠兴奋极了，看着店员一件一件算，每算一件就把标签上的标价撕掉，整个算下来，天哪，才这么一点，阿珠虽没带多少钱，但秀英一个人身上带的现款就足够了。

两个人抱着几大包新衣服，从原路回到楼下的店面，出了大门，路人都盯着她们看。八成想，这不知道是从什么地方来的两位贵妇吧！

可不是像贵妇吗？两个人在店里面已经各自穿上一套新买的名牌衣服，漂亮极了！从这名店走出来，谁会怀疑那身上的衣服是……

回到旅馆，阿珠一件一件地看自己的战利品，还看秀英买的，秀英每拿起一件，阿珠就叫"二百""六百五""一百六""三百"。

"天哪！"秀英把眼睛睁得好大，看向阿珠，"我真没想到，你的记忆力这么好！你怎么练的？我都忘了，你为什么会记得！？"

阿珠摊摊手："我也不知道，从小很会记就是了，所以要不是家里穷，我可能早就台大毕业，说不定出国拿到博士了。"

阿珠的记忆力还真管用，秀英回台湾，把买东西的条子搞丢了，幸亏有阿珠，帮她把一件件的单价全想了起来。

"你要知道价钱干什么？"阿珠一边帮秀英想，一边笑，"反正穿在身上，谁问你价钱？"

秀英没答，只是笑。

这一天，阿珠路过秀英家，想要秀英看看自己新穿上的衣服，公寓大门正好开着，就径自冲了进去。

还没到秀英家，就已经听到里面闹嚷嚷的。 推开门，天哪！一堆女人，都在挑衣服、试衣服，有个女人居然当众穿着内衣、三角裤，正往身上套礼服呢！

"哇！"阿珠叫了起来，"好棒哟！你们都来看秀英姐买的衣服啊！是她带我一起去买的哒！"

"真的吗？你买了几件？"

"八件！"

"为什么买那么少？"那女人眨着蓝色的睫毛，"这么便宜！"

"不便宜啊！"阿珠说，指着那女人身上穿的，"像你这一件，开玩笑，要一万多。"

"一万多？"那女人扬起眉毛，"阿英卖我八千，她这不是赔了？"正说呢，就见秀英脸色凝重地从里面跑出来，于是扭头问秀英："你朋友说你花了一万多买这件衣服，你怎么才卖我八千？"

秀英怔住了，还没答，阿珠倒替她答了："秀英姐啊！根本是小迷糊，她才买的东西，就会忘掉价钱，专做吃亏的事。"抬头朝秀英笑笑，又摇摇头，"秀英姐！你太亏了吧！"

"不会啦！不会啦！都是朋友嘛！因为有些有折扣，整个算起来，也还好啦！"秀英笑着挥挥手。

没过半个月，秀英又带阿珠去采购了。因为上次买的衣服，就在阿珠去的那天，全被抢光了。

不过这次，秀英没要阿珠出一文钱的旅费，还请阿珠吃法国大餐呢！


## 点滴在心

阿珠聪明吧？她非但有过目不忘的本事，而且懂得做人的艺术。

每个人都会做"人"，却有巧拙的不同。因为人都是自我的、爱表现的，偏偏做人的时候常常得收敛自己，把风头让给别人出；进一步则是帮助别人表现，别砸了人家的台子。

## 聪明难，糊涂更难

阿珠就懂得这个道理，当她突然闯进秀英家，看到一堆女士们显然在买秀英带回的名牌仿冒品的时候，她立刻心知肚明，而且改变身段。她不再是那个能把每件衣服价钱记得一清二楚的人，她由聪明转为糊涂——聪明的糊涂。

想想！秀英为什么脸色凝重地从里面跑出来，她是不是心里暗叫："完了！被多嘴的阿珠看到了，她一定会卖弄她的聪明，把我的底价给掀了。"她一定自责那时自己正巧在屋里，没能及时在门口拦住阿珠，也一定暗骂阿珠为什么不先打个电话。

而当她发现阿珠居然不但没拆她的台，反而捧她的场的时候，会有多么"由忧转喜""喜出望外"

的感激啊！而且如上一章说的，愈是突发的，看来不是预谋的表现，愈被欣赏与信任。听阿珠"掀底"说"糊涂的秀英，在赔钱卖东西"，大家当然二话不说，就把衣服抢光了。

## 处世艺术

### 愈相关、愈相忌

首先，我要强调的是我绝不鼓励买仿冒品，那是侵权，侵智慧财产权的行为，我自己在祖国大陆和马来西亚的盗版书满天飞，我当然痛恨盗版。

我说这个故事，只是想透过它，谈谈基本的人性和处世的艺术。

不知你有没有发现，谈到人性，学者们出版的理论书，都会在后面印上"参考书目"，好像印得愈多，愈表示他"持之有故，言之成理"，在博览群书之后，才写成那本大作。

但是，如果你三年前先读了一本别人的书，跟今天刚出版的这本十分类似，可以猜想，今天这位学者是受到三年前的那本书影响或启示；甚至在字里行间，看得出前一本书的影子。

后出版的这本书，是不是当然会把三年前的那本书列为"参考书目"？

错了！你八成会发现他连毫不相关的书都列入了，独独没列那本极相关的书。

## 红花只需绿叶的心理

再举个例子：在商圈和政坛，怎么看某人都应该把另一个"干才"列为他的副手。

但是，副手公布，结果却常常不是大家看好的那个人。

再说得平民化一点吧——

女孩子结婚了，找伴娘，一堆手帕交、好朋友，里面有个花容月貌的，足以帮婚礼撑场面，令大家惊艳。

新娘子会选"她"当伴娘吗？

只怕不会！谁会希望做陪衬的人光芒压过自己呢？

## 韬光养晦、收敛光芒

但是，话说回来，如果你是那个"美极了"的女生，新娘子跟你最要好，于情于理，她都不得不请你做伴娘。

你要怎么办？

你有两个选择——一个是推，说自己最近身体不好，撑不住，搞不好半路晕倒了；请她另找别人，甚至推荐一个。

于是她可能表面上怨一怨，心里却如释重负地立刻去另外物色。

还有一个选择，就是当你不得不接受时，千万别挑那比新娘更华丽或更诱人的礼服，发饰化妆也一定要比新娘子逊一些。就算"她"要你挑好的，你也得推。那"主角"一定会暗暗感谢你。

## 不可"自以为大"

"谁是主角"，这是在任何团体中、聚会时，都要搞清楚的。

就算你是老师，而且是"大师""名师""宗师"，今天你的学生开画展，请你这大师光临，你到了之后也要弄清楚今天的主角是谁，想想他为什么请你来。

他表面上说请你来"诲正"，其实是请你以光门面、以壮声势、以抬身价。

所以你最好从头到尾都点头赞美。就算有一万句话要说、要骂，也得等开幕酒会结束，宾客散尽，只有你学生在的时候，再小声说。

甚至为了不煞风景，你应该等画展结束后，再找个私下的场合"一一指点"。

你那学生能不心领神会、点滴在心吗？

### 既然到场，就得捧场

再举个例子——今天你是记者，"上面"突然交代你去采访某公司的新产品、某作家的新书发表，或某兽医院的豪华设施。

你去看了之后，发现烂透了，不值得报道，反而值得一骂，于是大笔一挥，好好把那采访对象修理了一顿。

不错！你是尽了记者公正客观的职责，但你要想想"上面"为什么要你去，对方为什么请你去。

你这样做,讨得了好吗?

抱歉!请别怪我说得太世俗、太现实。问题是我们哪一天不生活在世俗与现实之中?我没有教你把坏的说成好的,造成误导。最起码,你可以不写、少写,或只说有这么个产品出来了、新书发表了、医院开业了,而不加任何褒贬,由读者(或观众)自己去想啊!

## "爱现"的人常吃亏

认清谁是主角,不要喧宾夺主;

认清谁是主客,把上座让给他。

以上这些"为人作嫁""为人陪衬""和光同尘"的处世技巧,不但是"爱现"的年轻人该学的,恐怕连许多活过大半辈子的中年人,都该好好想一想。

# 第四章

## "冰霜美女"的风采

你要避免别人
见到自己不光彩的时候，
好比早上没化妆
或晚上卸了妆，就不出门。

"我约到了冰冰！我约到了冰冰！"小葛是跳着进门的。同房的小张居然还不信地问："你说的是企管系的那个丘冰冰？"

"当然！不是丘冰冰是谁？当然是 N 大最后一个处女。"小葛神气地说，"她明天晚上要跟我出去吃晚饭。"

"吃饭？"小张还将信将疑，"那个冰霜美女居然会跟你出去吃晚饭？"他把"晚"字特意强调。

"当然！"

"哇哦！"小张从床上一下子跳了起来，伸手狠狠打了小葛一巴掌，"你他妈的是真人不露相啊。快！教几招！你是怎么让她点头的？"

小葛没正面作答，只噘噘嘴，笑笑："我自有对付冰霜美女的方法，这是只可意会，不可言传的。"

小葛当然不会把冰冰妈妈托他妈妈带东西的事说出来，也幸亏两个妈妈认识，"冰妈"又知道"葛妈"要到纽约看儿子，于是带了一大包东西。那还真够大包的，小葛的妈妈因此少给儿子带了不少，还差点扭伤了腰。不过这都值得，要不是看在葛妈妈带了那么多东西的分上，冰冰怎么可能答应和小葛一块儿吃饭？

冰冰，大家都说她人如其名，冷若冰霜、艳若桃李。可是她偏偏对男生不感兴趣，于是又有传言说她是"蕾丝边"，女同性恋，不过后来也说不通了，因为冰冰连跟女生也不交往，她一个人住在远远的上东城，据说是她姑姑家，姑姑也是老处女，于是又有人说冰冰是"石女"，对性不感兴趣。当然更美的名字也就出现了，冰冰被所有中国留学生偷偷给了个封号——N大最后一个处女。

　　小葛约到了冰冰，才一天时间，就传遍了整个中国留学生圈，小葛的电话一直响，都是来查证的。幸亏有小张帮忙接，这小张又绘声绘色添油加醋，把小葛说得神死了。甚至小声讲小葛妈妈上个礼拜来，为他带了一幅家传的古画，最少值六十万美金。小葛发了！要不然冰冰怎么能看得上他，他又怎么请得起冰冰去"六九餐厅"。

　　小葛其实是咬着牙去六九餐厅的。幸亏是星期一，客人比较少，要不然临时根本挤不到位子。当然，他们虽挤到了，却只能坐在靠门口的位置。

　　不过这正中小葛的下怀，因为他就希望靠近门口，这样人家才能看见。尤其小张那票"不信邪"的捣蛋鬼，他们居然说要带照相机，用望远镜头拍，证明小葛果然跟冰冰用餐。

冰冰整整迟了四十五分钟才到，小葛急死了，还以为冰霜美女变了卦。幸亏有那个老娘带来的大袋子，这就是小葛聪明的地方，他知道袋子里有重要的东西，他是用"绑"袋子"勒"美女的方式，不怕冰冰不出现。

烛光下的冰冰更美了，只是还不笑，就算吃那道名菜烤鹅肝，也只微微翘了翘嘴角，而且居然没吃完，就把盘子轻轻一推，穿白西装打黑领结的男侍立刻将它收走了。

那杯特意为她点的红酒，冰冰也没喝完，一想起酒的价钱，小葛的心就淌下红酒，于是问冰冰为什么不再喝。

"这是配鹅肝喝的，不是吗？"冰冰瞟了小葛一眼，又翘翘嘴角，"你喜欢，你要不要帮我喝？"

小葛赶快伸手，把杯子端了过去，正要喝，却见冰冰一皱眉："你怎么搞的？你可以把酒倒进你的杯子再喝啊！怎么那么粗鲁呢？"

小葛的脸一下子红了，赶快照做，再把空杯子放回冰冰旁边，男侍又立刻收走了。小葛觉得男侍在笑，跟冰冰一起嘲笑他这个"土包子"。

与冰冰比起来，小葛是差多了，很难想象冰冰这个家里不过小康的女生，来美国一年半，怎么能有那么好的风采。小葛突然觉得在冰冰面前，自己矮了半截，冰冰好像是位高贵的公主，在宫廷中；而自己，成了弄臣。

"不过做弄臣也甘心。"小葛正想着，突然看见曲棍球队的彼得进来，后面还有几个男生女生。男生们小葛也都认识，都是球队的明星，也都是"王子"，据说一个是美国烟草商的儿子，一个是美国酒商的小开。一票"纨绔子弟"组成那个最花钱的曲棍球队，总在场上打架，而且总受伤。

　　小葛跟彼得打了个招呼，又跟那两个小子握了手。 突然觉得自己长高了，因为他居然认识这些"王子"，表示身份够。

　　当然，冰冰不可能猜到，那是因为小葛正在彼得老爸的店里打工。


　　美丽的晚餐结束，小葛要送冰冰，却被拒绝，冰霜美女一招手，来了辆计程车，居然跳上车走了。 剩下小葛一个人在那儿发怔，不过想想省下计程车钱也好。 突然有人从后面把小葛拦腰抱住，接着又冲出几个人来，小葛心想："完了！黑夜在曼哈顿，被抢了！"却听抱他的那个人哈哈大笑了起来："请我们再去吃一顿吧！"原来是小张那票浑蛋。

　　小葛一下子成了风云人物，小张回去却连电话都不接，只是笑："不接，表示我们两个人都不在宿舍，也可以让人猜，有你在，但你不接，因为怀里搂着个冰冰。"

这事何止是在中国留学生圈传开了，而且好多人看到了，看到小张偷拍的照片，连洋人圈也知道了，最起码彼得到店里来，看到小葛，对小葛比了比手势，做成开枪的样子：

"哈！看到了！总算落在你们中国人的手上了。"

小葛一下子没会过意，过了半天，才问彼得："你这是什么意思？"

"没什么意思啊！我们早觉得冰冰应该也跟中国男生交往交往，我们常骂她太不跟中国人打交道了！"

"你的意思是她跟你们打交道？"

彼得尖笑了起来："你居然不知道？"接着一直笑、一直笑："她跟我们球队哪个没睡过？"

小葛没有再约冰冰。

不过他约到了另一个美女，也是大家公认眼高过顶的。

小葛最爱听中国留学生圈叫他"唐·璜"。

那女生最爱听小葛说：

"你才是气质美女。冰冰算什么？我约一次，就把她甩了。"

## 点滴在心

对不起！我似乎丑化了冰冰，但那是我二十多年前刚到美国念研究所时听到的故事。如果你曾经留学，可能也听过类似的故事。

问题是，如果你是冰冰，有冰冰那样的条件，又爱慕虚荣，甚至只是想在美国弄个绿卡，待下来，你是不是也可能像冰冰一样？

小葛那样的朋友你能交吗？才吃一餐饭，已经闹得满城风雨。中国留学生的圈子多小哇！圈子愈小，话传得愈快，你可能才跟一个男生约会一次，牵了一下手，被别的中国留学生知道了，就一下子成了"死会"。

于是冰冰选择住得远远的，又不跟中国同学交往，只在洋人圈里玩。那些白人怎么知道冰冰是谁，她来自哪里，毕业于哪个国内名校？

于是冰冰没了包袱。

### 自己人斗自己人

什么叫"包袱"？

你会发现这世上最大的包袱非但不是外人，反而可能是自己人。举几个很平常的例子——

你的英语不差，碰到全是洋人的场合，你"溜"得很。可是当有中国人在场，你是不是就比较迟疑，比较不敢开口了？

为什么？

因为你说错了，洋人不会笑你，他笑什么？他还不会说中国话呢！结果笑你的、挑你毛病的、出去说你"文法都不通"的，反而是你的同胞。

## 编个白马王子的故事

还有，不知你有没有发现，那些"明星"与"名星"，她们若不是嫁了个圈内的名人，或圈外的世家子、有钱人，就可能不结婚，或者——她们出国，嫁了个国外的某某巨子、某某富商、某某大王。

她们在众人艳羡与不舍的注视下，上了飞机、去了异乡，传来她们过上如童话故事里公主与白马王子的生活。

只是，当有一天，你跟她联络，想去拜访她，她却可能用一百个理由推脱。这又是为什么？

### 出国买春的心理

我们常说"要丢人也别丢到国外去",问题是,到国外丢人比在国内丢人容易得多,包袱也轻得多。

首先,那是一个使你"不知名"的地方,它缺少了你那个社会网络的监督,使你丢人也没熟人知道。

正因如此,才会传言有许多日本女人跑去巴厘岛放浪形骸。

更普遍的是,在国内道貌岸然的男人,可能一出国就变得肆无忌惮,甚至参加买春团。

### 别在自家人前丢脸

想想!如果你今天失业了,要摆地摊,或去餐馆打杂。职业虽无贵贱,可是你宁愿在你家附近摆地摊、打杂,还是宁愿天天搭车,到远一点的地方?

　　我们甚至可以想，那些马尼拉大学毕业来台打工的菲佣，如果在菲律宾当地有人给她同样的薪水，要她帮佣，她们可能都会拒绝。

　　这些道理都一样——别在自己同胞面前丢人。

### 做人要懂得回避

　　了解这一点，你就要知道，当你发现朋友正在做他不希望你见到的工作时，应该主动避免去接触他。这其中学问非常大，让我举几个亲身经历给你听，同时考考你。

　　　　　　　　　　一

　　二十五年前，我第一次去尼亚加拉瀑布时，在旁边的画廊兼工艺品店，看到一幅大峡谷的山水画，画得好极了！再细看签名，居然出自一位国内的名家之手。价钱更令人吃惊——还不到他在国内画价的五分之一。

接着，我回国，遇到那位名家，很兴奋地说我在美国画廊看到他的画，真有种"他乡遇故知"的感觉，更佩服他的作品推展得那么远。

没想到画家反应出奇地冷漠，只淡淡地说："是我去美国旅行时乱抹的。"

请问，他为什么冷漠？


二

多年前，我在纽约知道有个国内移民来的朋友，开了家录像带出租店，我特意跑去看他。

当时他正忙，我就在店里四处逛，看到有一区，全是成人片，许多都是三级片。接着见他从柜台后走出来，跟我握手，我就拿着一盘成人片说："哇！很多精彩的哩！"

我只是无意的一句话，甚至可以说赞美他店里东西丰富，没想到他脸上掠过一片阴影，而且立刻将我手上的录像带放回架子，再把我拉到店的另一头聊天。

我后来检讨，自己犯了严重的错。

请问，我错在哪里？

三

最近有一天，我和朋友到纽约中央公园划船，上岸之后要沿湖走出公园。

才走出二十公尺[1]，我那朋友突然说："咱们走那边吧！"于是拉着我绕路，进入林间小径。

我问他为什么？

他一笑说："因为我看到有一群中国人，提着按摩专用的椅子，招揽客人，在路旁推拿。"

---

[1] 公制长度单位，米的旧称。

"为什么要避开呢？"我问他，"又不是非推拿不可。"

"不！"他又一笑，"我们推拿也不是，不推拿也不是。"

请问，他为何这么说？

## 四

最近在台北，有一天我去银行办事，旁边来了个中年女士，也在询问事情，鼻子旁边粘了一大块鼻屎，她居然不自知。

我正想是不是该提醒她，却见里面的小姐回身抽了一张面纸，然后笑嘻嘻地对那女人说：

"来！如果您不介意，我帮个小忙。"

那女人还没会过意来，小姐已经一伸手，把她脸上的鼻屎擦掉了。

"有脏东西吗？"女士诧异地问银行小姐。

"没什么啦！没什么啦！"小姐笑笑。

请问，为什么银行小姐不提醒那女人："您脸上有鼻屎。"再送给她一张面纸，让她自己擦干净？

为什么她帮了忙，擦掉那么一大块鼻屎，却又说"没什么啦"？


## 处世艺术

处世的艺术是双向的，从正面想，你要避免别人见到自己不光彩的时候，好比早上没化妆或晚上卸了妆，就不出门。

但是从另一个角度想，则应该避免在这个时间去敲人家的门。

千万别以为朋友不如意，由公司大老板变成卖蚝仔煎的，你呼朋唤友去吃，是照顾他生意。

你先要想想他的个性，想想跟他的交情，免得

他非但不感激你，还觉得你是在损他；改天他东山
再起，可能避免跟你往来。

## 心知肚明就别说了

最后，我要说两个真实的故事：

有一对老夫妇带着逾龄未嫁的女儿同住，但是
因为在美国的孙子诞生，儿子请老夫妇前去帮忙，
二人不得不去美国。

这期间，老夫妇常担心"老女儿"一人在家太
寂寞，所以才待了半年，就回台北了。

进家门，女儿已经去上班，老先生开水龙头洗
手，出来的全是锈水；试每个龙头，都一样。

女儿下班了，抱着老夫妇说好想爸爸妈妈，老
先生却说："我们只是来收拾东西，打算回美国长住
一段时间。"

女儿瞪大眼睛问为什么，还嘟着嘴说："不要

嘛！你们陪我嘛！"

可老夫妇还是在台北没待多久，就再去了美国。

没过几个月，接到女儿电话，老夫妇又赶回台北——去为女儿主持婚礼。

**何必撕破脸**

一个原来派驻纽约的官员被调回台北。

为了先安顿，他就把太太托给一位朋友照顾。

数月后，官员飞回纽约接太太。刚下飞机，看见太太和那位好朋友来迎接，就抱着妻子亲吻。

"大家都在看，别这样……"太太直推他。

三个人回到住处，官员发现太太根本没有收拾东西准备回台北的样子。进卧室上厕所，流出来的全是锈水。再去厨房，打开冰箱看了看。

官员回客厅，看见太太正跟自己的老朋友小声说话，又要官员坐下，想跟他谈谈。

"不用谈了！"官员提起箱子，回机场，居然赶上原来那班飞机回了台北。

接着，他们办妥了离婚手续。

我觉得前面故事里的主角都很伟大，也很敏锐。

有些尴尬，何必当面摊开？

处世的技巧若不能成为艺术，又怎能达到令人点滴在心的境界。

# 第五章

# 刘 老 板 的 忍 功

既然你不小心中了
他淬毒的暗器，
只好认栽下跪求他
赏你一颗解药。

　　大概因为时差，才十点钟刘老板就实在撑不住，睡了。才睡着，电话响了，是台北打来的，小强在那头叫道：

　　"老板！不好了！范厂长突然说要涨到五十块一件。"

　　"要涨价？他不是才交了一批货，是四十五块吗？那还是我跟他谈好的，因为经济不景气，大家都降一点。"刘老板说。

　　"可是范厂长说他的工资太高，四十五实在不能做，要涨回五十。"

　　刘老板沉吟了一下："好吧！五十就五十，但你跟他说耗损率要少于百分之二，多了要扣钱。"

　　挂上电话，刘老板叹口气，睡了。才睡着，电话又响，还是小强："范老板说东西不好做，耗损率百分之三都嫌低了，他不能保证百分之二以下。"小强顿了一下："范老板还说如果我们觉得别人便宜、别人耗损率低，可以找别人。"

"什么？"刘老板从床上坐了起来。

"他说我们可以找别人，他不反对。"小强说，"我看我们就找别家吧！何必受他气，不是有好几家都来找我们吗？"

"没错！可是范厂长最能跟我们配合，合作这么久了，有交情。"

"这是有交情吗？趁您到美国的时候涨价。"

刘老板没搭腔。隔了几秒钟，沉沉地问：

"这批货的船期是哪天？"

"最晚三月八号。"

"换厂来不及了，这批货非让他做不可了。"刘老板揉着太阳穴，又问："咱们这次送去多少料？"

"十万套。"小强在那边显然在翻资料，"但是只要他们做三万套，另外七万套的材料先存在范厂长那儿。"

刘老板深深吸了口气："我没想到他会突然涨价，原来想把材料先一块儿运过去，这批货出去，反应好，马上可以赶工补货。"

"那要不要先把七万套运回？"小强问。

"不用！"刘厂长斩钉截铁地说，"等我回去再处理。"

挂下电话，时差感居然不见了，刘老板拿起电话，拨给几个台北的老朋友，又上网查了查资料。再打个电话给老婆，老婆居然已经知道这消息，在那儿骂："欺人太甚！那范厂长太不够意思了，他是趁你不在，又看咱们送那么多原料过去存在他那儿，吃定咱们了，你为什么不把原料抽回呢？"

"我自有盘算。"

刘老板回台北的时候，东西已经上了船。这次真没白出国，美国跑半圈，刘老板又拿到四万件的订单。下飞机，刘老板没回家，直接开车到两个工厂参观。

看到刘老板大驾光临，每个工厂都热烈欢迎。

"我们工厂虽然不如范厂长的人多，但是做的质量保证不比他差。"高厂长拍着胸脯说。

另一家的曾厂长也讲："如果接了您的生意，我们可以把范厂长那边的工人挖一些过来，其实也不是挖他的，是他挖我的，为了接您的订单，过去半年老范挖走我一百多人，所以不是我不够意思，是他不够义气。"

两家估出的价钱，都跟范厂长一样五十块一件，但是看刘老板皱皱眉，立刻都自动打了九折。

"那就先叫他们各做一万件看看吧！"刘老板回到公司，立刻交代小强去范厂长那儿运回两万件的材料，分别送给高厂长和曾厂长。

但是没过几分钟，小强就打电话回来："报告老板，范厂长不愿意让我们运走材料。"

"噢！"刘老板居然没跳起来，"他怎么说？"

"他说他要亲自去拜访您。"

才说呢，秘书已经进来说范厂长来访。接着就见老范满头大汗地进来，一边走一边说：

"刘老板，您这是何必呢？您知道为了您这十万件，我最近新聘了两百多人，天天加夜班为您赶工啊！"

"我就是心疼你，怕你太辛苦，所以找人为你分忧啊！"刘老板请范厂长坐。

"我不坐了！我不坐了！我只希望您能别抽走订单，价钱好谈！"

"什么价钱？"刘老板笑问。

"上次说好的嘛！四十五块。耗损率百分之二以下。"

"你不是说要涨回五十吗？"刘老板问。

"哎呀！搞错了啦！搞错了啦！"

外一篇

## 山本的幸运之神

起初到处都是枪声，但是渐渐地，不再有枪响，只听见坦克车驶过的震动，和踢门的声音，当然，还有呵斥声。

山本抱着枪往楼上躲，冲进一户，里面空空的。这城里的老百姓早跑光了，剩下的只有空城和山本奉命死守的部队。

现在部队的人只怕也死得差不多了。山本因为会跑又会躲，才能到现在都不被发现。抬头看见个大衣柜，山本立刻跳进去，里面挂着衣服，正好让山本躲在后面。

如果被发现，就拼了！山本抽出弹匣，不错！还是满满的，才把弹匣插回去，已经听见楼梯响，还好，听得出只有一个人。

山本把柜子轻轻掩上，从门缝里看见个绑着草绿绑腿、穿着草鞋的中国"土兵"。他们都管这些说装备没装备、说战技没战技的中国兵叫"土兵"。

山本紧紧地把食指扣在扳机上，接着又想，可以用刺刀，不出声音，就把这土兵解决，说不定天黑了，自己还能溜出城去。

土兵先冲进里面屋子，就听见叮叮咚咚翻箱倒柜的声音，他的脚步开始往山本那衣柜移动。山本的心狂跳，他想把刺刀从挂着的衣服中间伸出去，准备等土兵一打开柜子就一刺刀冲上去。但是接着又想，刺刀会反光，搞不好早早就被发现，于是又把刺刀抽了回来，没想到这一抽，碰到上面的衣服架子，一件衣服掉了下来。

"完了！"山本心想，他从门缝里正看见那土兵的影子过来。相信自己已经被发现，山本提口气，正要先下手为强，却见人影一闪，土兵转身出去了，一边下楼还一边喊。

侵略中国四年，山本已经听得懂一些中国话，那土兵显然是喊："没人！"

"哼！"山本松了口气，"土兵就是土兵，真笨哪！"他接着悄悄走出柜子，躲到窗子旁边，果然看见好几个中国土兵继续往下走。

山本笑了，回头，看见桌上居然有一罐糖，于是弯着身过去，抓了一把，再回身躲在窗边。街上轰隆隆直响，开过一辆坦克车。

"好险哪！"山本暗自庆幸，却见坦克车突然在

屋子前面停住，几个土兵站在旁边指。坦克车的炮管开始转、往上抬。

山本只听见轰一声。


## 点滴在心


### 好汉不吃眼前亏

那"土兵"是不是很土？又很不勇？

他可能不勇，但是不土。当然他的装备也可能很土，用的是每次只能打一发，又常常卡弹的土枪。但是正因此，他聪明，避免正面冲突。

柜子里的刺刀一闪，他很可能看到了，这时候如果是在战壕里肉搏，他也一定拼了，但是现在是逐户搜查、扫除余孽。自己这边有绝对的优势，他何必以一杆土枪去对付可能拿着冲锋枪，而且做困兽之斗的敌军呢?

于是他忍着,故意装作没看到,却接着吆喝了一群人。这还不够,干脆一炮把这敌军轰了。

## 两害相权取其轻

这章讨论的就是"忍"。

想想前面的刘老板,才下飞机,就被修理了。而且下手的是合作多年的范厂长,有道是"朋友不在,愈有义务照顾他的家小",那范厂长居然这么无情无义,趁刘老板不在的时候涨价,刘老板能不火冒三丈吗?

如果是你,你会不会一怒之下赶回去?问题是,假使赶回去,你还能在美国接那么多生意吗?还有,你就算赶回去,换了厂,那些"新接手"的厂能应付那么大的订单吗?搞不好,弄错了,弄坏了,耗损率更高,交出去还会被退货。

真正的问题是，船期已经在眼前，他们根本没办法准时交货啊！

## 人在屋檐下，不得不低头

范老板凭什么"硬"？就凭这几点——

第一，他知道刘老板信任他的工，也可以说他得宠，"恃宠"当然可以骄。

第二，他知道刘老板急着交货，也知道这是批好卖的东西，想你刘老板今天抢到大块，当然该多分我一小块。

第三，刘老板犯了个大错，他图省事，居然早早就把十万件的材料，先运给了范厂长。"你刘老板是摆明非我不可了嘛！我是吃定你了。"于是范厂长可以"拥料自重"，往上加价。

### 商人重利轻别离

或许你要说，怎么可能有这么不讲义气的人。

对不起！这是真事，这世界上就是有那么多得寸进尺的人。何况商场如战场，所谓"杀头的买卖有人做，赔钱的买卖没人做"。"商人重利轻别离"，为商的人总在比、总在衡量、总在评估。你弱一分，他就强一分；你占了优势，他则必然屈就。否则他又怎么做生意呢！

尤其是今天的商圈，除了那些大电子公司之类，合约搞得清清楚楚，一般中小企业常常是"合约"与"人情"并行的。"讲情"对他有利的时候，他不"讲理"；讲理对他有利的时候，他又可以拿着合约六亲不认。

### 该"认栽"就"认栽"

正因此刘老板忍了，而且几乎不用考虑，就接受了条件。

很简单，他今天"认栽"了嘛！如同武林高手过招，对方用了暗器，甚至事先下了迷药，当那武林高手发现"真气完全使不上"时，他还能说什么？

怨，已经没有用了，谁让自己不小心？这时候他只有认栽。

### 处世艺术

这世上有许多情况是我们必须认栽的。举几个我听过的真实例子——

一个艺术文化公司的负责人对我说，他请某国外的大交响乐团到国内演出，宣传早做了，票也卖光了。

演出前几天，对方该上飞机了，却突然说有问题，要涨价，而且一涨就是三分之一，否则不能成行。

请问，如果你是他，你怎么办？

你吐血摔电话？不办了？

还是"认栽"？

## 君子报仇，三年不晚

再举个例子，你是新开的公司，出了个新产品，某赫赫有名的大公司看上了，说要跟你下单。

你大喜过望，立刻发了新闻，你的股票立刻飙涨。那大公司等到签约的时候，却把价钱一下子砍了半截。

请问，你怎么办？

你立刻宣布不合作了？他立刻宣布对你的东西不满意，生意告吹。

还是说，你咬咬牙，认栽了？

谁让你不先签好约再发消息？而且你已经因为这消息得了大好处，公司名号一下子打响了，股票翻了一番。对方要不是看准了这一点，又能那样吃定你吗？

何况，君子报仇，三年不晚。改天，你做的东西市场反应好，你大可以再扳回一局啊！

你怕你改天再硬起来，那大公司会冒火，不跟你合作？

错了！商场上是"只问利害，不问恩怨"的。你有实力、你独家、你再狠，只要他发现别人无法取代你，他还是会找你。相反地，你的东西不够好，就算你降价、磕头，求他买你东西，他也不会理。

**"卖家天下"可以变成"买家天下"**

好！现在让我们回头再看看刘老板的故事。

你猜范厂长后来为什么又软了？

　　除了因为刘老板去找了两家厂，可以取代范厂长，你知道还有一个重要的原因吗？

　　那是因为刘老板这批东西一看就有卖相，又一下子存了那么多原料在范厂长那儿，范厂长为了吃下这生意，不得不添新人。你没见故事中曾厂长说吗？范厂长已经抢了他一百多人。

　　那么多工人，要吃要喝要发薪水；那么多工作，要扩建厂房、要增加设备、要……

　　说不定范厂长甘冒大不韪地要求涨价，正是因为他一下子增加了那么多人与设备，他需要钱哪！

　　所以，当刘老板人在国外，急着出货的时候，"牌"握在范厂长手里；当第一批货出去了，又有两家厂商可以取代范厂长时，"牌"又回到了刘老板的手上。

　　这时候，刘老板如果把那剩下的七万件材料抽出，只怕范厂长立刻就得倒闭，范厂长能不低头吗？

我们常说"小不忍则乱大谋"，这句话也可以改成"大谋要大忍"。血气方刚的年轻朋友，要好好学习刘老板"忍"与"谋"的处世艺术啊！

# 第六章

# 机 关 算 尽 的 小 许

这世上,
做什么事都应该合理化。
凡事留三分情面,
为自己想想,也为别人想想。

"原来以为有一个月已经不错了，老板居然大发慈悲。"小许把薪水袋往老婆面前晃晃，"加发两个月。"

"真的啊！"玲玲打开袋子，刷刷刷地一张一张数着，"这下要带我出国度假喽！"

"度假？"小许歪歪头，"日本、韩国那么冷，东南亚又是禽流感、霍乱，我想……我想把咱们浴室翻修一下。你没看老赵家吗？多漂亮！咱们家浴室面积比他的大，而且伸出去那块，我量了，可以装个按摩浴缸。"

"按摩浴缸？"玲玲眼睛亮了起来，"可是，钱够吗？"

"够！"

"你又说够，你忘了上次修屋顶，原来说够，后来一直加、一直加，多花了将近一倍的钱？"

"我就是有了上次的经验，所以这次学聪明了。"小许笑笑，"我都拟好了装修合约，管他是谁，接我生意就得签约；字签下去，还怕他中途涨价吗？"

"什么？还要签字？"尤老板看到小许拿出的合约，吓了一跳，"我不会签字啦！"

"不会签就按指印。"小许拿出印泥。

尤老板的脖子左扭扭、右扭扭："为什么要签约呢？"

"表示说话算话，说好照图施工、瓷砖要平、线要对得准。"小许说，"最重要的是讲好十五万，就是十五万，中途不准借任何理由追加。"

"那当然！"尤老板说，"讲好十五万就是十五万，不会骗你的啦！"

"那你又何必怕签字呢？"小许把合约递过去。尤老板没签，但是手指一伸，按了个大大红红的点子。

签约真管用，尤老板放下早接的生意，准时为小许开工。

尤老板也按合约上的规定，星期六、星期天不动工，而且把敲下来的旧瓷砖、水泥、灰板都立刻运走。

可是，才过一个礼拜，尤老板在收工之后特意留下来，等小许。

"对不起！许先生！水管都旧了，是不是应该换新的？"

小许先没答话，找合约，又指着合约上说："一切由你负责，反正不准出问题。"

尤老板就低着头走了。

但是隔天，他又留下来等小许：

"许先生！这原来旧瓷砖下面的地板都烂了，大概因为以前浴缸有渗水。"尤老板指着下面的木板说，又掀起一块，"您看！连在下面支撑的梁也烂了吧！是不是要全部换新的？"

小许又掏出合约："合约上不是写得清清楚楚你负责，不得再追加任何费用吗？"

尤老板又低着头走了。

小许则回头对老婆得意地笑道："看吧！要不是事先白纸黑字写好，恐怕这次就跟上次修屋顶一样，要被那家伙吃死了。"

"老公真棒！"玲玲抱着小许直亲。


浴室完工了。

"多棒啊！"每个来许家的朋友都赞美，"多豪华的浴室啊！多享受啊！还有按摩浴缸，你们可以天天洗鸳鸯浴了。"

小许两口子确实天天洗，从启用，就每天晚上两个人一起泡在按摩浴缸里看报、聊天、听音乐，还有……做爱做的事。

这一天二人正在浴缸里嘿咻，突然听见咔的一声，停下来听，没有了，又做，又听见咔的一声。草草完成了"战事"，两个人走出浴缸，玲玲先叫了起来：

"天哪！这边上为什么裂了一条缝？"

小许趋前看，可不是吗？一条足有半公分[1]宽的裂缝，由浴缸边上延伸到墙角。小许叫了起来：

"浴缸好像往下沉了。"


尤老板立刻被小许吼了过来，一进门，就冲进

---

[1] 指厘米。

浴室，趴在地上看，看了半天，抬起头：

"你们一定是一起洗澡，又放太多水，还……还可能在里面搞，用太大力。"

"搞又怎么样？"小许瞪着眼问。

"下面地板和梁架是旧的，受不了你那么大力气啦！"尤老板耸耸肩，"我早就跟你报告过了嘛！"

"可是合约上讲好由你负责到底啊！"

"我是负责啊！"尤老板脸色也不太好，"我也尽力帮你又加了两根支架，可是我签约是装修浴室，你屋子下面烂了，总不能要我负责啊！你只给十五万，我已经不赚钱了，还为了给你先做，被别的客户骂，你找人评评理！十五万，这按摩浴缸就已经多少钱？而且……而且没想到你们又在上面……"

小许手一挥，沉声问：

"要多少钱嘛，把东西修好？"

"这个……这个……"尤老板直抓头,"很麻烦咧!整个浴缸都得拆下来,下面重做,瓷砖也得重砌……"

小许又花了两万五,总算把按摩浴缸又漂漂亮亮地装回去。

但是他们两口子再也不敢在里面做爱做的事,连洗鸳鸯浴都轻手轻脚地进浴缸,唯恐下面架子又坏了。

只是,一年过去,浴缸虽没再出问题,却发现墙上老是潮潮的。

"会不会因为水管太老,当时没换新的,漏水呢?"玲玲总是一边擦墙上的水,一边喃喃自语。

点滴在心

这篇东西不仅跟上一章刘老板的故事相呼应,

也与我在《我不是教你诈②》的那篇《好个豪爽的大汉》有关。

在《好个豪爽的大汉》里，主角的屋顶漏了，请了两家店估算换瓦的价钱，都偏高，后来来了个大汉，看来十分豪爽，而且便宜得多。

可是就像前面小许的故事里一样，才施工没多久，大汉就说发现瓦下面的木板坏了，得加钱，整个算下来，比前两家估的贵了一半以上。

看过《我不是教你诈②》的读者或许要问，你不是在那书里说许多包工明明早看到问题，但是不讲，先估低价，抢下生意再说，所以要避免这种后来追加预算，就要先签约吗？

### 事先查明的不能随便加价

没错！但那是在你比价、竞标，而且屋瓦已经坏了，稍稍掀起一块，就能看见下面的情况时。

说得简单一点——如果有三个搬家公司为你估价，要搬的东西和搬去的地方都说得清清楚楚，他能在抢下生意之后，又说这个重、那个不好搬而加价吗？

那加价当然不合理。

可是尤老板的情况就不同了，旧瓷砖没拿起来之前，没有人知道瓷砖下面的基础怎么样；墙不打开，也很难看到水管是不是已经朽烂。这好比盖房子，估价是一回事，但是挖下去，发现流沙层，包工说要把地基打深三倍，得增加预算时，你还能坚持他得负责到底，一文不给吗？

**有毒的面包有人买**

你或许会说我讲得太专业了，跟你的生活无关。其实这道理跟你我的日常生活都有着非常密切的关系。举几个我从小经历的事为例——

　　我小时候跟母亲到礼拜堂做礼拜，听到一位开面包店的教友对我母亲诉苦：

　　"做面包的时候，如果加一种材料，烤出来的面包会又大又白。"那位女士嗫嗫嚅嚅地说，"可是，那材料对人身体不好。我不加，大家又会怨我的面包小，不来买。"你猜，她加还是不加？

　　她说为了活下去，只好加。

　　**为自己想想，也为别人想想**

　　高中一年级，我代表学校出去参加全省演讲比赛，有位老师同行，还带着照相机为我拍了不少照片。

　　那次我得了第一名。

　　回来之后，我向老师要照片，他虽然拍了一整卷，却只给了我两张。

　　"您不是拍了很多张吗？"我问。

"别的都走光了！"

问题是，他给我的那两张照片并非连续的，哪有跳着"走光"的道理呢？

后来我想通了，我既不出钱，又希望他给我全部的照片，那年头洗照片多贵？

结果，我虽然没花一文钱，但只拿到两张，其余可能对我有重大纪念意义的照片，全没拿到。

## 既要马儿跑，就得给马儿吃草

人们常常犯个错，就是"又要马儿跑，又要马儿不吃草"。

你买金针菜，既要鲜丽漂亮，又得便宜，于是买到走私进口的二氧化硫漂白的金针菜。

你买冬虫夏草，也要价廉物美。

于是商人在冬虫夏草里加上一根根铅条，压重量，使你铅中毒，而且不自知。

### 别省了运费，赔了行李

你看广告、上网，东查西查、东比西比，找到一家最便宜的旅行团，简直不到别人一半的价钱。

只是出国之后，导游总是"放鸽子"，让大家自由活动。如果想坐缆车上山、去疾流泛舟，都得另外加钱。而且今天换辆巴士、明天换辆巴士，都是旅游商店开来的巴士，带着你一家家采购。整个旅行下来，你没看到多少风景名胜，钱也不见得少花。

接着，你搭机回国，因为买了太多东西，非但加了一个大箱子，行李又超重。好在航空公司睁只眼闭只眼，没罚钱。

于是你沾沾自喜，觉得总算讨到了便宜。

只是当行李运到时，几千块钱买的名牌硬壳箱子被摔凹了一大块，软皮箱子的把手被扯裂，连里面装的名贵化妆品都掉了出来。更糟糕的是，你买的名贵瓷器，也碎了。

原因很简单——

运行李的工人，因为行李太重，于是放得也重、砸得也狠；又因为猛力提把手，造成把手与行李接触的地方不胜负荷，被扯裂。

## 处世艺术

### 留三分地给别人走

这世上，做什么事都应该合理化。当你把"机关算尽"、便宜占尽的时候，别人还活不活？

做生意也一样，当市场情况改变，原料人工突然上涨，如果你发现帮你"施工"或"代工"的厂家活不下去，你还死拿着合约不放，等于摆明"他死你活"。

他就可能不按时交货、偷工减料，或是真死了——宣布倒闭。

到头来，吃亏的可能是你自己。


了解了这一点，让我们回头想想上一章的刘老板。

如果你是刘老板，发现回去找别的厂家，开出的价钱不比范厂长便宜（而且那是在为了抢生意的情况下，咬着牙开出的低价），范厂长又已经合作多年，而且专为你增聘员工、扩建厂房。

没错！他是在你出去时要涨价，他是不够义气。但你是不是应该把他一脚踢掉呢？

抑或，你可以从"合理化"方面着想，有另一层的考虑？

谅解、宽恕、留三分地给别人走，这是非常重要的处世艺术。

# 第七章

## 老 龙 的 奇 葩

老子卖房子给儿子，
常是赠予的手段；
奸商卖房子给官员，
常是行贿的方法。

"那些树，不知已经死了几十年了，倒在那儿，让下面的小树都没办法生长，好好的红桧、红豆杉，任它腐烂，那是暴殄天物，何不运出去利用呢？"老王说得口沫横飞。

"但那是经过专家调查评估的，老树，让它自己倒、自己烂，据说对森林生态有好处。"老龙脸色凝重地说，"而且这是违法的事，我不能干。"

"哎呀！"老王站起身，指指窗外那一片黑黢黢的树林，"你待在这个连鬼都不来的地方，谁知道？而且……"他拍拍老龙："我说了嘛！只运倒在地上的死树，谁看得出来？最重要的是……"老王对着老龙的耳朵："你儿子要娶媳妇了，总有些开销，对不对？"

运木材的大吊车从林子深处开出来，虽然开得极慢，老龙也早就听到了，心直跳，也直骂："他妈的老王！老子干了半辈子林管，就为你他妈的老王，犯了法。"又骂了一句三字经，老龙走出检查站，站在路中间，心想："你们要是敢砍我半棵树，我就算拼了老命，也不准你们过。"

车子开近，老王先跳了下来，跟老龙热络地打招呼。

老龙没理他，直直走向车子，上上下下地检查，果然全是长满青苔的死树。点点头，挥挥手，转身进屋，却见老王追进来，拿了棵小草给老王：

"长在老树上的兰花，不常见，挺值钱，送给你。"

"值钱？"老龙的太太哼了一声，把那兰花扔在桌上，"我在树林里看多了，根本是狗屁！"又一瞪眼："那姓王的难道就拿这么棵兰花混过去了？"

老龙先没吭气，隔半天，去摇电话，摇了半天才摇通，再转来转去，才找到老王。

"你……"

老龙才开口，老王已经在那头笑了："我送你那棵兰花可值钱哟！你抓点青苔，把根包上，我保证改天能卖到大价钱。"咔的一声，电话断了，老龙再摇、再转，都接不上。坐在那儿，发了半天呆，起身出门，到附近树干上抓了几把青苔，把那兰花的根包上，再塞进一个破茶杯。

龙太太不帮忙，冷冷地看，冷冷地笑。


第二天，下大雨，前面七八米就看不清了，居然扭来扭去，扭上来一辆车，车身上全是稀泥，但看得出，是辆奔驰。接着跳下一个中年女人，连跑带跳地冲进检查站。

"对不起！对不起！我迷路了。"中年女人说，

"我要下山,是不是走这条路?"

老龙忍不住笑起来:"小姐!你是怎么开车的啊?这是入山的路,下头是马肺山,你进去就出不来啦!"指指右边:"你快掉头,往回开就对了。"

"啊!"那女人突然盯着屋里叫了起来,"您这是兰花吗?哇!您有这么名贵的兰花吔!"

老龙怔住了,倒是龙太太听见了,从里面擦着手走出来:"小姐!你喜欢?"

"当然!我最爱兰花了,家里养了几百盆。"中年女人看着龙太太,"能不能把它卖给我?"

"可以啊!"龙太太把花拿起来,"您识货,您出个价吧!我合意就卖。"

"太好了!"女人把花接过去,转动着欣赏,一边看一边说,"十五万,行不行?"

龙太太怔住了。这次倒是老龙快:"成交!"

　　运木材的吊车又慢慢开了出来，老王又摘了一棵兰花给老龙。

　　"不用你给了，"老龙笑道，"你瞧瞧！我老婆已经去挖了七棵，把腰都扭伤了。"

　　老王眉毛扬了扬，又探头进屋看了看，但还是把手里的兰花交给老龙："你们外行！这棵不一样，你瞧！我连盆都给你装好了。"

　　就那么巧，第二天，又有位男士迷了路，开车到老龙的检查站。

　　也又那么巧，这位男士也懂兰花、爱兰花。

　　老王说得没错，这男士别的都不看，只盯住老王摘的那盆兰花，居然一出价就是二十万。


　　老龙儿子的婚礼真是办得太风光了。老龙非但给儿子买了新房，而且花钱把自己在检查站后面的住家，也做了番整修。

整修的那段时间，老王都没上山，是老龙叮嘱，不准上山。直到整修完毕，老龙装了隔音的双层窗，老王的吊车才一辆辆开上来。

"要是有一天上面发现了，不能怪我没抓盗林，实在是因为我装了双层窗，听不见，被他们混过去了。"老龙对老婆说。

可不是吗！

只听见山里传来此起彼落的马达和电锯的声音，老龙却和老妻在里屋喝老人茶、赏兰花。

每个月都有人上山来买老龙的兰花，而且三盆、五盆地买，每盆最少二十万……

## 点滴在心

老龙多走运啊！他管理的树林里居然有那么名贵的兰花，而且又有那么多爱花的有钱人，会摸到这深山来，带着大把的现钞，向老龙买兰花。

问题是，当有一天，树林里最珍贵的木材都被盗采光了，还会有人来向老龙买兰花吗？

所以在这故事里的兰花是什么？

兰花是"代币"，也是"代弊"，它只是一个"中介"，用来行贿的工具。

## 买假画、行真贿

这是一种非常诈的行贿方式。

举个例子，你做大官，给某公司放了水，那公司的负责人送你一张画。

那是名家画的，但怎么看都不真，甚至是张粗制滥造的假画。

这时候如果有关单位查下来，说你收贿，把这画"呈堂做证"。

不过值几百块钱的烂画，能算行贿吗？

搞不好，案子不成立，还把画还给你了。

你挂在家里，改天有个朋友来访，或朋友带朋友来坐，一眼看中墙上的那张烂画，居然当作真迹，欣赏得如醉如痴，然后开价百万，要你割爱。

你像老龙一样，卖了。

你犯法了吗？这是活该你走运哪！一个愿打，一个愿挨，可不是你掐着他脖子要他买啊！

于是，百万元"自自然然"地进了你口袋。

### 大官常挂假画

但是听了这故事和我的分析，你下次进官家豪门，看到墙上的假画，千万别都往这"歪"处想。因为据我观察，大员的墙上常常挂假画。

你别怪大官没品位，实在是因为那些假画造得高明，只有专家才看得出。

你猜，那些画为什么会被挂进大员们的官邸？

　　那很可能是些下属单位或商界相关人士的赠礼，用来贺那大员的乔迁、高升和过寿之类。

　　你或许要问，既然送长官，怎敢送假画？

　　这就是你城府不深了！

　　要知道！送画单位的主管，或凑钱送画祝嘏的那些人，极可能都认为这是真画！

　　他们想，送大员，不给人行贿的感觉，又显得高雅，最好送名画，于是自己去买或派公司里的"采购"去买。

## 一张画、百只手

　　画是多有弹性的东西啊！同一位大师的画，"精品"和"随笔"可以相差十倍；"真画"与"赝品"可以相差百倍。于是有了以下几种可能——

　　一、送画的人被画廊骗了，花大价钱买了假画。

　　二、送画的人知道大员的品位不高，存心省钱，买了幅几可乱真的假画。

三、去买画的人骗了自己的公司或单位，报真迹的价，买了假画去。你想想，画拿回公司，大家瞄一眼，还没看清，就送给了大员，有几个人能得到机会，亲自再去大员家鉴定？

**有谁那么扫兴？**

就算有专家去大员家做客，发现墙上的画是"伪作"，只怕也不会说；大员有一天自己发现，八成也不会跟送画的人提。

有谁那么不懂事，扫大员的兴？又有几个大员好意思"明说"？

他大不了心里不痛快，偷偷修理送假画的。（所以我相信有不少送假画的人，后来吃了亏，却还不知道是被奸商或贪污的属下害了。）

好！

如果你狠，你是大员，居然开口明明白白地告诉对方"那是假画"！怎么办？这可就是门更高的处世艺术了，请看下一章。

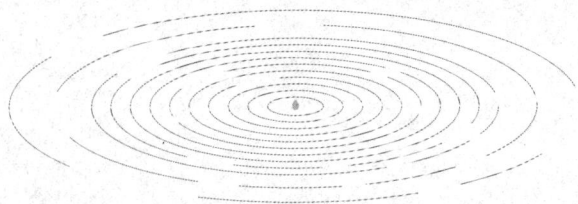

# 第八章

# 翠 玉 罗 生 门

"泰山压顶"
是为了"老君关门"，
"樵夫指路"
是为了"古树盘根"。

"有没有看到赵夫人戴的那个翠玉胸针？多绿啊！多透啊！"

"可不是嘛！听说是她去香港的珠宝拍卖会上买来的。"

"听说价格要上千万呢！"

"其实拍卖之前，报上早登了那胸针的照片，据说胸针是温莎公爵送给他老婆的东西，赵夫人八成是看了新闻才跑去香港买的。"

最近宴会里，大家都交头接耳地谈论赵夫人的那个翠玉胸针。不止女人哟！连男人都一个个借题过去跟赵夫人寒暄，眼珠却转啊转的，偷偷看那胸针。

赵夫人的胸针真没白买，她这一来，把所有的名媛贵妇都比了下去。

　　赵夫人的胸针确实是去香港买的，但不是在拍卖会上，而是去那家鼎鼎有名的甄宝库银楼。也只有像甄宝库那样的名店，才能拿出这么大，而且完美的翠玉。

　　更令赵夫人得意的是，她并没花上千万，而是用四百二十万买的。这全要托她表妹的福，表妹一家都做珠宝生意，跟甄宝库常往来，经她介绍，所以能用成本价买到。

　　正因如此，阿姨这次来台湾，赵夫人特意派自己的司机去机场迎接。

　　"哟！戴了个好东西吔！"阿姨不愧是珠宝界的老手，才见面就盯着赵夫人的胸针看，"哪儿买的啊！有这种好东西的地方不多呢！"

　　赵夫人笑笑，心想："原来表妹并没有跟阿姨说。"说着就把胸针摘下来，递过去："阿姨看看，帮我鉴定一下。"

阿姨立刻掏出老花眼镜，还翻了翻皮包，翻出一块黑丝绒。把黑丝绒铺在桌上，再将翠玉胸针放上去，细细地对着光看。

"透！东西不坏。"阿姨扬扬眉毛，又努努嘴，调整了一下假牙，歪着脸，看着赵夫人笑，"花了不少银子吧？"

"您猜呢！"

"嗯！"阿姨揉了揉眉心，把眼镜摘下来，"少说也得两百万。"

赵夫人的脸色一下子变了。

"我说错了吗？"阿姨看情况不妙，拍拍赵夫人，"咱们可是自己人，我是说实话。难道……难道你不知道……这块翠玉有半边是人工染色的？所以你说它真，它绝对真，有半边是上好的，可是另外半边大概原来颜色不对，所以用人工染了色。"

　　阿姨才走，赵夫人就拨电话给表妹，表妹不在，又打给甄宝库的甄总经理，劈头就骂：

　　"你们好大胆啊！居然卖假东西卖到老娘头上了，老娘明天开记者会，叫你们招牌落地。"

　　"是吗？是吗？"甄总在那头显然是被吓到了，"您先息怒，我立刻查。您如果不喜欢，只管交代，我们马上退款。"

　　"我明天就派人把东西退给你，你把钱准备好就是了。"赵夫人又吼了回去。

　　第二天一早，赵夫人还在睡呢，用人进来叫，表妹居然从香港赶了过来。

　　赵夫人没化妆，铁青个脸出去："你知道了，你说！怎么回事？"

表妹一副无辜的样子，把翠玉胸针接过来，还拿出个像笔一样的细细的仪器，前照后照，照了半天，抬头说：

"不假啊！"

"可是你妈说有半边是假的，是染色的。"

赵夫人冷笑："她是你师傅，还错得了吗？"

表妹突然咯咯地笑了："哎呀！我老妈啊！她是内行，可是她老了啊！她眼睛早不行了啦！"突然低头掏皮包："表姐！这样吧！我跟你买，你花四百二十万，我给你四百五十万，成不成？"

赵夫人怔了一下，想了半天，算计着，这个表妹只怕是赌梭哈，明明知道是假东西，但以进为退，可别中她计。于是说："好！卖给你！"

表妹居然真爽快，立刻开即期支票，还好像占了大便宜，包好翠玉别针就跑。

"咦！您那别针呢？""那价值连城的翠玉呢？""是不是收进保险柜了？"

自从表妹买走那翠玉别针，晚宴上赵夫人就常碰上熟朋友问这问题。

"是啊！是啊！"赵夫人只好含含糊糊地答，"收起来了！收起来了！"

可是回家，赵夫人愈想愈不对劲，也愈想愈后悔。想姨妈八十了，确实可能老眼昏花；表妹介绍这么好的东西，自己占了便宜，还不信任她，真不应该。

思前想后好几天，赵夫人终于忍不住地拨电话去香港：

"表妹啊！真对不起，我该相信你，你还是把那翠玉胸针给我吧！"赵夫人姿态很低，"这样吧！我明天去香港找你拿，免得你多跑一趟。"

表妹又格格地笑了，笑半天才止住：

"表姐，真糟糕吧！你没早说，我昨天拿给一个大款看，他出价不低，我卖了。"正说呢！表妹旁边有人插话，原来阿姨就在她家。

"小秀啊！"阿姨叫着赵夫人的小名，"都怪阿姨不好，阿姨老了，乱看！乱说话！不过你表妹能一转手就赚几百万，也挺好，改天叫她请客！"

"是啊！"表妹又抢过电话，"这也得谢谢表姐，因为您戴过，又上了杂志，那个大款早注意到，所以一出价就是七百万……"


## 处世艺术

这是一篇非常悬疑的故事。

你可以猜——

表妹是和阿姨串通的，把赵夫人的翠玉胸针骗到手。

你甚至可以想得更远——

甄宝库也设了局，先便宜卖给赵夫人，让她戴着"曝光"，用赵夫人的名声把翠玉胸针的价值"做高""做出名"。然后再由赵夫人的表妹买回。

你还可以猜——阿姨没撒谎，那翠玉确实有假。甄宝库唯恐赵夫人说出去，或拿给别的专家鉴定，结果半边是染色的，传出去砸了甄宝库的金字招牌。于是紧急通知赵夫人的表妹，把"证物"买回。而且确如表妹所说，因为赵夫人戴过，大款想"如此名媛都戴过，当然不可能假"。甚至因为可以拿赵夫人在杂志上的照片给朋友炫耀，于是开口就出价七百万，让甄宝库和表妹又赚了一大票。

什么叫作"点滴在心的处世艺术"？

这就是！它不但赢，而且双赢、三赢、四赢、五赢——赵夫人没损失，还小赚三十万；表妹也没损失，还大赚了；甄宝库更没损失，虽然卖的是假货，却能化险为夷，还可能大赚一票。

老阿姨也没损失，她大不了被女儿怨一番，但是看风使帆，立刻改口，挽回赵夫人对表妹的信任，还让女儿转手大捞一笔。

只怕那最后花七百万买走翠玉的大款也没损失，有赵夫人曾戴过的记录，假的都成了真的，或许改天再脱手，已经上了千万呢！

（注：文中姓名、商号皆为虚构，若有雷同，实属巧合。）

# 第九章

## 琳 达 的 " 奇 袍 "

远来的和尚会念经，
近处的芳草不闻香。

知道杰克要调去北京，琳达高兴地跳了起来。

琳达从小就向往中国，好几次做梦，她都梦见自己到了那个神秘的古国，梦见在铺了黄金的城市里，有满天的灿烂烟火，梦见翘着檐角的宫殿和高耸入云的宝塔，还有船，马可·波罗形容的，有着龙头和大大的风帆。据说火药最早是由中国人发明的，印刷术也由古老的中国传来，连意大利的番茄面，最早都是从中国引进威尼斯的。

想到中国的五光十色，琳达已经晕了，第二天一早就去买了一大本介绍中国的精装书。多美啊！就像梦里的，甚至比梦到的还美。瞧那山！一座座从水上冒出来，映在水里，多美！还有长城，天哪！弯来弯去，中国人是怎么把它建成的？再看这紫禁城，多气派！书上说连那台阶都是用白玉砌的。

琳达的眼睛停在白玉台阶上的一个漂亮女人身上，这衣服，红色的锦缎，上面是金花，领口和袖口全是宝绿色的，对比之下，既艳丽又厚重，更吸引琳达的是那衣服的剪裁，多贴身哪！把女人的身材全衬托了出来。美国的服装设计师怎么就做不出这样贴身的衣服？

"大概是因为美国女人都太高大，不适合穿这种曲线毕露的衣服吧！"想到这儿，琳达笑了，笑着走到大镜子前面，打了个转，"偏偏我就长得小巧；在美国，我吃亏，现在去中国，可就是我发挥的时候了。"

第三天，琳达就到了纽约的中国城。一定有不少观光客去做中国样式的衣服，只见许多商店橱窗里，金发蓝眼的模特儿身上却穿着旗袍。这是琳达

新学会的词——"旗袍",她一家一家比,一进门就问"旗袍",那店员则会一直点头,又笑又叫地从里面拿出一盒又一盒现成的衣服。

不过琳达都穿不习惯,主要是领子,高高硬硬的,实在让人受不了。还是有位店员好,为琳达画了个图,指点她走进一间地下室的小店,原来这就是定做旗袍的地方。

"只有我能找到。"晚上杰克一进门,琳达就得意地说,"我没买现成的,我找了一家专门量身定做的地方,专为我做了一件漂亮得不得了的中国旗袍。"

旗袍一个礼拜就做好了,琳达拿回家,穿了又穿,怎么看怎么得意,还打了个电话给杰克,神秘兮兮地说:"现在不穿给你看!要到中国,才变变变!变成个东方美女给你看。"

终于到北京了,而且到的第三天就有盛大的晚宴，琳达终于可以展示她的新装。当杰克第一眼看到，果然惊艳地抱着琳达："天哪！我换了个中国老婆呀！"

晚宴主办人大概知道琳达爱中国，特意找了一个古色古香的大饭店。还没进门，就见外面雕梁画栋、贴龙绘凤；进门，更有一群穿着旗袍的女孩子，一起鞠躬行礼。"多巧啊！"杰克对琳达笑道，"你看！连这儿的女孩子，都知道你要来，穿得跟你一个颜色。"

"是啊！"琳达笑道，"而且她们也做了像我这种西式的领子，搞不好是学我的呢！"

晚宴在最里面的一个大厅举行，杰克和琳达走过外面一桌桌宾客，好多人投以惊讶的眼光，忽然有人对琳达大喊，吓了琳达一跳。转身看那人，那人又做个奇怪的表情，摊摊手。

"对不起！我听不懂中文。"琳达对那人笑着鞠

个中国式的躬。 正鞠躬呢! 又听后面有人叫,回头
也是同样的情况。

"他们一定是在赞美我的衣服!"琳达心想,歪
着头,转身又对那桌人笑了笑。


酒会开始了,杰克和琳达站在中间,每个过来
敬酒的人,无论中西,都露出惊艳的表情,尤其西
方女人,非但赞美,还不断问琳达在哪儿做的旗袍,
可是跟着又讲,她们穿了绝没有琳达美。

这就令琳达更得意了。 为了让宾客都能看见她
的美,琳达拿着香槟满场游走,果然,连在旁边调
酒的中国男服务生,都对她感到惊艳,还交头接耳,
想是夸她漂亮。 琳达也就把香槟一饮而尽,要服务
生再倒一杯。

只是,正伸手接酒,突然腰上被人从后面摸了
一把,琳达一惊,回头,是个喝得脸红红的西方人。

那人见琳达转过头，浑身一震，脸一下子更红了，结结巴巴地说：

"对……对……对不起！我没看清楚是……是……是领事夫人……"

## 点滴在心

那人为什么会摸琳达的腰？这是多粗鲁的行为！

因为他喝醉了，更重要的是他不知道那是领事夫人，琳达长得小巧，穿的旗袍又跟女服务生一个颜色，甚至一个式样，那人只当琳达是服务小姐。

这是真实的故事，许多随丈夫由西方调驻中国的太太，都会做几套中国传统的服装，但是到了中国，进了餐厅，没几次，就都不敢再穿那些衣服了。她们也不是不敢，而是不在中国穿，等到她们再回到西方，又会把中国传统的服装穿出来炫耀。

## 穿衣服要讲场合与身份

读者或许会想，在中国她不穿，为什么到外国反而能炫耀呢？这是因为美感距离。想一想，在西方社会，当白人们聚会，有几个人会穿旗袍？你穿出来，不就显示出你曾经被派驻国外、见多识广吗？

但即使穿，也看场合。你可在姐妹之间炫耀，也可在刚调回国，大家准备的洗尘宴上穿；如果总统宴请驻外使节，你是大使夫人，刚由中国回去，你能穿旗袍去吗？只怕不妥，因为那场合不对，你的身份也不对。你是哪国人？难道你才驻国外几年，就十分倾倒，被人家同化了吗？

## 慎重的女主人先做调查

穿衣服，要看场合与身份，像是前面故事里，如果你是宴会的中国女主人，当然可以穿中国传统的礼服。慎重的女主人甚至会先派人了解餐馆女服务生的服装，再选差异大的衣服穿。但是相对地，如果你是外国驻华领事的夫人，代表你的国家，在这欢迎晚宴上，恐怕就不恰当了。或许有人要说，连在 APEC 的国际会议上，各国领袖都可以穿印尼的花上衣，凭什么领事夫人不行。

要知道，那花上衣是印尼总统送给大家的啊！当大家一起穿，表示亲和的时候，当然可以。无可否认，当你是外来客，穿当地的服装，或用当地的语言"问安"，会给人一种特别融入当地的亲和感；但也无可否认，当你那份亲和感用得不合分寸的时候，则可能产生反效果。

**想讨好反而被看扁**

冷静下来，这么想想吧！

假使你在中国台北邀请外国朋友，她穿了一件旗袍来，你是不是一定先眼睛一亮，接着就赞美。但是，等宴会完了，你回家，会怎么说？

只怕你会讲："也不知哪儿买的衣服，八成是旅游景点买的，土死了！"再不然，可能说："这洋女人哪！穿中国旗袍，怎么看怎么不对劲，连比例都不对！"

你会因为这外来客穿了中国传统服装，而多给她加分吗？只怕还会想，她为什么特意去买了旗袍，是想巴结、讨好中国人吧，结果她先被你看扁了，先矮了一截。

## 美感需要距离

但是换个角度，如果今天那女人来自波兰，她穿了波兰那种黑底绣小碎花的传统服装，你又会那么想吗？只怕你会回去说"哎！他们传统的服装真漂亮，改天我也做一套"呢！同样的道理，如果你到国外，在宴会上穿中国传统服装，也会被欣赏，也足以显示你的特殊身份。

## 远来的和尚会念经

为什么会有这样大的差异？

很简单！因为美感距离，远来的和尚会念经；无论中西，这是想当然的道理。对于你每天都见到的、听到的，你当然觉得不稀奇。

举个例子，如果有人演讲，说："子曰：'知之为知之，不知为不知，是知也。'"你会多么佩服他吗？笑话！这两句好像绕口令的话，谁不知道？十岁的小学生都会背。

但是他换一句，说："苏格拉底说'我一无所知，除了我一无所知这件事'。"只怕你就要刮目相看了。

此外，当你看马可·波罗游中国的记载，你是感动，感激他溢美中国，还是嗤之以鼻，笑骂他胡说八道？只怕连你读到梭罗在《湖滨散记》里引述中国孔子和曾子的话时，都要想："他们说过这话吗？这话是哪里来的？"当你看到《张大千传》里写张大千与毕加索碰面，毕加索说"艺术在东方，您（大千）到西方来做什么？"的时候，你又会怎么猜？

可是相反地，当罗素、梭罗、房龙这些人在西方世界，动不动就引述中国经典，当舞蹈家玛莎·葛兰姆说她受到东方多大影响的时候，却能受到西方人的推崇，很简单！因为他们显示了"学贯西中"。

## 处世艺术

综合以上，我建议：

### 掉书袋的原则

一、当你高谈阔论，要旁征博引的时候，如果引用的是本国的东西，最好是大家不熟悉的，或早年读过，而今八成还给老师的，人们会因此暗暗佩服你的渊博、聪明，有过目不忘的本事。相对地，如果你在外国，引用当地的东西，一定要适可而止，而且宁可用他们古人的句子，少用他们现代人的话，否则很可能讨不到好处。

### 小心撞衫

二、当你穿传统服装时，在外国，你可以穿中式，而且尽量避免在正式场合穿当地的服装。无论在本国、在外国，为了慎重，你最好先了解一下宴会场所服务生的穿着，免得撞衫，受辱。

**端着一点**

三、到国外，在一般场合，你可以用当地语言致辞，表示你有语言才能，或已经融入当地社会；但是如果你代表国家，或本国的大公司，除非你外语的能力超强，强得令当地人佩服，否则就应该用自己本国语言致辞，再请人翻译。

**小心马屁拍在马腿上**

四、最重要的是，当你想推崇别人的时候，先要观风望色，别以为对方的长官、同事、亲戚，都是赞美的对象，否则极可能马屁拍在马腿上，产生严重的反效果。这一点，学问很大，人性也有不少弱点，值得深入讨论，个中滋味还请看下一章。

# 第十章

# 小 孙 的 马 屁 功

拍马屁的人小心被马踢，
抓猫痒的人小心被猫咬。

对小孙来说，今天真是个大日子。因为他约了两个大报的记者。

天哪！两大报哎！加起来占全省订报率的百分之七十；后天的产品说明会，经他们报道，产品一定立刻就红了，而且这是新闻，是"置入性行销"，更可信。小孙这下子为公司省了多少广告费呀！

公司当然也是看准了小孙的口才和机智，才升他做公关主任。果然，小孙只打了两通电话给两大报的记者，单单在电话里介绍产品，就把两位记者打动了，硬是百忙当中抽空，今天下午来跟小孙碰面喝咖啡。

这喝咖啡也是有学问的，小孙知道两报竞争得厉害，简直到了水火不相容的程度，所以特意把相约的时间错开，一个两点，一个三点半，而且碰面地点分别安排在离他们报社不远的地方。

"给他们方便，谈完了，走路就能回报社。"小孙对同事说，"这样他们才比较愿意去，而且可以谈得长些，加上接着就回办公室，也能把我给他们的资料立刻带回去，马上就动笔。"

同事都为小孙鼓掌，王小姐还过去抱着小孙亲了一下："小孙真是天才，我爱死你了！"逗得一屋子人都笑得东倒西歪。

小孙何止是把报社内部作业时间弄清楚，他最近一个多月，把两大报都翻烂了，弄清楚谁跑电子产品这一线，再把每个记者的专访读了又读。正因如此，当他打电话去，是王明接的时候，小孙立刻就能说出王大记者几个精彩的专访，让王明刮目相看；想必也因此，王明先对他有好的印象，所以才会答应他下午见面。

"看得出您对我们报社很熟悉。"果然吧！王明一碰面就说。

"那当然！那当然！你们是第一大报，最重要的是，深入！你们都太专业了。"小孙笑道，"像您的专访，我一定看。还有……还有，对了！张华华的报道，也棒透了，有时候我都猜他根本是在电子公司做研究的，他把最新科技的发展全搞清楚了。"

王明眉毛一扬："是嘛！您真过奖了。"又下巴一抬："您认识张华华？"

"我不认识，只是佩服！"

"这简单哪！我可以给您介绍，他桌子就在我对面，我这就把他专线电话给您。"说着，王明掏出笔，在自己的名片上写下号码，递给小孙："说实话，跑贵公司这个新闻，他比我适当多了。"接着站起身，拿着小孙给的一大沓资料，拱拱手：
"我这就回公司，把您的东西交给他，您再打个电
话给他，拜托一下，就成了！"

小孙真没想到事情这么简单，但想想，那张华
华也真够专业，这下能由王明介绍，建立关系，不
是棒透了吗！而且两三下搞定，使小孙能从容地赶
到下一站，等另一报的记者。

哦！不！那不是记者，听说他已经调升专刊组
的主任了。小孙是因为打电话过去，听报社那头在
喊"高主任电话"，接着转过去，才知道的。

"真是失礼！失礼！"小孙一见面就说，"我不
知道您已经升官，结果劳驾高主任来，真不好意思。"

"别不好意思，最重要的是产品，我听你电话里介
绍，觉得相当不错。"高主任矮矮胖胖，一副老好人的
样子，一点架子都没有，认真地听小孙一项一项介绍。

"怪不得您会升官，我看您的工作态度，真佩服！"小孙看高主任细细记录，不得不佩服地说，"不知您现在管哪些专刊？"

高主任笑笑："都是财经的啦！像是《财经一周》《钱路与钱途》，还有《财经瞭望》。"

"哇！《财经瞭望》，那是我最爱看的了。"小孙抓到了奉承的机会，"没想到就是您负责的，怪不得最近我发现版面有很大的改革，比以前进步太多了，分析得也深入，访问的专家更是顶尖的。""对不起啊！我是说直话。"小孙用手掩着嘴，"以前编得有点落伍，幸亏有您，才能一下子脱胎换骨，佩服！佩服！"

"不客气！"高主任笑笑，"贵公司这个产品介绍，我就交给《财经瞭望》那位主编好了。"

小孙是跳着进公司的，虽然已经到了下班时间，几个部门主管却全跑到公关部来，看小孙拿出王大记者和高大主任的名片，董事长和总经理都过来拍小孙的肩膀："真不简单！真不简单！"

小孙还当着几位顶头上司，又拨了个电话给张华华。

"资料我收到了。"张华华那边显然正忙，吵得不得了，只听见张华华半喊地问："你为什么不请王明写呢？他是专家啊！而且是他跟你碰的面。"

"他说您更专家，所以要我找您。"

"好好好！"张华华又半喊，"我会处理！"

"张华华说他会发。"小孙放下电话，对大家比个 OK 的手势，便响起一片掌声。

问题是，产品发布会开完了，当天却没见两大报有半个字的消息出来。小孙急得像热锅上的蚂蚁，拼命打电话，想必记者起得晚，早上都不开手机，留了话，又没回。 好不容易傍晚找到张华华，他声音冷冷的："我不是说你该找王明吗？这是他的线。"啪！挂了。

小孙又打去给高主任。

"我交给《财经瞭望》的主编方小惠了。"高主任说。

小孙再给方小惠。

"资料我收到了，你们的产品确实好，我写了一大篇，可是主任有意见。"方小惠小声在电话那头说，"他原来是《财经瞭望》的主编，我才接手两个月，恐怕您还是得在高主任那边下点功夫……"

## 点滴在心

小孙不是跟两位记者相谈甚欢，而且记者都答应为小孙公司的新产品做报道吗？为什么到时候全黄牛了？天哪！两大报的订报率占了全省百分之七十，小孙公司又认为十拿九稳，没有登广告，这下子产品发布会有多冷清、多难堪？小孙又怎么交代、怎么做人哪？

### 小孙做错了什么？

毛病出在哪里，你看出来了吗？

如果你是在社会上已经打过不少滚，曾被修理得鼻青脸肿的，你一定懂。如果你涉世不深，或还是个"新鲜人"，大概就只能猜到一半了。

让我们回头想想，小孙做错了什么？

他做了研究，先了解要请托的对象、看了相关的版面，也搞清楚了跑财经的记者，甚至对那些记者的"报道"都如数家珍；他又懂得分别约记者，免得有水火不容的场面；约谈的时间在产品发布会的前两天，又是在对记者最方便的地点；显然电话技巧也好，所以能约到两位大牌。

他样样都好，唯一的问题，出在马屁没拍对
地方。

### 为猫抓痒要抓到它痒处

当你把马屁拍到马腿上时，是很危险的，那马
很可能狠狠一腿，把你踢死；连为猫抓痒都不容易，
当你抓得不对地方，或它歪着头，凑你的手，希望
你搔到它痒处，你还搔不对的时候，它就可能咬你
一口。

小孙就犯了这毛病，他没弄清记者办公室里的
人际关系，就拍，于是挨了踢、遭了咬。

### 面子要做对地方

让我们回头想想，小孙拍了谁的马屁？他是对
着王明赞美张华华，以为张是王的同事，他们是同

一报、同一版，赞美张华华，王明一定会高兴。

他岂知正因为王明跟张华华是同一个部门，又是同等职位，愈可能是竞争最激烈、最有心结，又最相忌的人。

小孙居然赞美与王明坐对面的张华华，还推崇成那个样子，他能不犯王明的忌吗？

是啊！你既然这么欣赏张华华，你何必找我？你去找他啊！不认识？简单！我介绍，看！我多大方！不但给你电话，还帮你把资料带到，往张华华面前一扔。

那张华华应该感动小孙对自己的推崇，居然敢犯王明的忌，来拍自己马屁，对不对？

错了！王明怎么可能把小孙对张华华的赞美转告，他把资料一扔，张华华会怎么想？

你王明既然去了，为什么不写？你看不上对不对？还是你懒、你忙，所以丢给我？对！产品是不差，值得写，可是你为什么不写？这里头有没有鬼？还有，我写了，人家谢谁？只怕面子会给你做了，搞不好！你还对那姓孙的说我是你的下属呢！我吃错药了啊！我才不管呢！

## 赞美人比骂人还难

小孙在王明这头当然搞砸了。好！再看看另一头——

高主任是专刊组的主任，居然大驾光临，本来是好极了的事。他只要交办，一定没问题。

问题出在哪里？

也出在小孙赞美了方小惠，他说"《财经瞭望》版面有很大的改革，比以前进步太多了"，又说"以前编得有点落伍，幸亏有您（指高主任），才能一下子脱胎换骨"。

小孙以为高主任新调专刊组主任，那《财经瞭望》就大有进步，一定是高主任督导有方。他岂知高主任就是由《财经瞭望》的主编调升去做主任哪！

这下子，小孙等于挑明了说："你高主任以前编得太烂、太落伍了，远不如新来的方小惠。"

换作你是高主任，你能不火吗？你火了，会怎么表现？很简单，你心里不爽，面上不说，但压小孙的稿子，让它不能见报；就算产品实在好，非见报不可，也不让它"及时"上。

赞美人有时比骂人还难，就因为当你骂人的时候，你有防备，知道对方可能反击；但在你赞美人的时候，就好像与对方示好、拥抱，岂知他突然抽出一把刀。

所以马屁拍在马腿上的人，常被马踢死了，都不知是怎么死的。

### 你岂知人家有没有嫌隙

你或许要问，如果对顶头上司赞美他的部属，是不是就可以了？

没错！如果那是个稍稍不爽就能把任何一个职员开革的顶头大老板，可以！但如果你赞美的职员是老臣、是老板有所顾忌又一时下不了手的，你还是可能得罪人，而且得罪了那大老板。

举个我亲身经历的例子——

我有一本新书，正在印刷，突然接到印刷厂的电话，打来的是一个印刷工人。原来他在把版装到印刷机上的时候，顺便扒着机器把我的文章读了一遍，发现一个错字。

多棒啊！又多险哪！幸亏那工人机警，立刻停止印刷，而且打电话给我，使我能及时改正。

书出版了，为了感谢那工人的指正，我亲笔写了封谢函，又送了一本新书给那工人。

豈知才送出去两天，我就接到印刷厂厂长的电话：

"刘先生！拜托！拜托！你怎么会写信给那个浑蛋呢？他是最会摸鱼的工人。最近领班和副厂长都来跟我告状，我正骂他，要给他记过呢！结果，昨天他拿你写给他的信来给我看，你叫我怎么办？你怎么会赞美他是最认真的工人呢？"

看了这个真人实事，你说，是不是对大老板不能随便赞美他的属下？

## 处世艺术

那么该怎么赞美，才十拿九稳？

答案是：

你在跳进游泳池之前，应该先用脚尖试试水温。

你要用探索的方法进入。

譬如小孙跟王明提到张华华，可以说："哦！对了！贵报有个记者叫张什么……张华华。"

敏锐的人，只用这么一句话，就可以由王明的表情知道"他们"的关系如何。如果王明冷冷地应一声"对"，甚至接着问"你认识他？"小孙就最好把话带开，甚至往反方向带——"我觉得跟张华华比起来，您写得深入得多。"

你或许会想："难道这么说就不会得罪人吗？说不定张华华是王明的死党，再不然是他老师，搞不好，居然是他老子、是提携他进报社的长辈。怎么办？"

一样办！你想想，换作你，外人说你比你的死党、老师、老爸、先进都强的时候，就算你心里知道自己不如他们，又能不暗自高兴吗？

这是人性，谁都得承认。

# 第十一章

## 陪砍头的三人组

💧

"威"带来"权",
"恩"带来"望"。
一石两鸟,
谁能说那不是处世的艺术?

"今天在会上我气得差一点摔杯子。"小鲁一边进门，一边狠狠把手提箱扔在沙发上，"老莫那个老浑蛋，居然倚老卖老，当着那么多主管的面，说我外行，不懂厂里的事。""那就把他辞掉。"琳琳的火也上来了，"爸爸在世的时候，看他是创业的老伙伴，让着他。你接手，还在乎什么？"

"不……"小鲁摇摇头，"老莫那浑蛋说得也没错，厂里的事我还没弄清楚，非有他不可。"

"他也就看清了这些，吃定你了。"琳琳眼睛一转，"哎！你们不是还有个老萧吗？老萧不是跟老莫一样资深吗？"

小鲁又摇摇头："别提老萧了，爸爸在世的时候，最讨厌老萧，臭脾气！"

琳琳突然笑了：

"你怎么那么死心眼呢？你爸爸不喜欢老萧，并不表示你不喜欢啊！把老莫辞掉，换老萧做！"

小鲁猛抓头发："恐怕还是不行，要开也不能开老莫，老莫由'领机'一路干上去，下面的人都听他的，也都服他，甚至可以说欣赏他，我这么做，员工会不高兴，何况还有赵钱孙那三个家伙，他们会在下面煽风点火。"

琳琳歪着头看小鲁："员工也都拥护赵钱孙吗？"

"不拥护！非但不拥护，而且讨厌，在我计划当中，那三个家伙非走不可，但是因为他们不重要，我还不急……"

琳琳突然鼓掌叫好："那不是太好了吗！这是老天安排的，一起陪砍头的。"

"你这是什么意思？"小鲁看着琳琳这"智多星"。就见琳琳拿出纸笔，一个个列名，再勾来勾去，一副沙盘推演的样子……

事隔七天。礼拜五，一大早，就见公司警卫拿着几个大的空纸盒，走进三个办公室，放在老赵、老钱和老孙的桌上。又各递过一封信，就见三个人顿时变了脸色。

老赵立刻要拨电话，却被警卫拦住了；老赵要开电脑，也被阻止。

其实他们三个就算上电脑，也打不开档案，计算机专业硕士出身的琳琳早做了"安排"。而且全公司的职员，同一时间，都在电脑上看到最新的人事档案——

"赵钱孙三人解职，即日生效。"

公司里立刻响起了嗡嗡声，大家都交头接耳地谈论这件事，每个人都笑，说那三个人早该杀了，还是少东家有魄力。

　　从来看不上赵钱孙的老莫，没吭气，只怕还暗自高兴。倒是老萧气喘吁吁地跑去找小鲁，劈头就问：

　　"你老子在世时都没动那三个人，你怎么那么莽撞呢？你难道不计后果吗？"

　　小鲁很客气地请老萧赶快坐：

　　"萧伯伯！您是苦干实干的，您一定最知道那三个人，在下面作威作福，早该滚了。"

　　"可……"老萧脸色通红，"可是你不知道有多少客户资料握在他们手上吗？"

　　"所以我下手快啊！而且，过去这一个礼拜我已经都做了安排，对工厂里的机器，我虽然不内行，可是对国际贸易和电脑，我和琳琳都不差啊！而且……"小鲁坐近老萧的身边小声说……就见老萧脸上红一阵、白一阵，皱皱眉又扬扬眉，再做出深呼吸的样子起身，告辞了。

　　一下子走了三位主管，公司上下反而像办喜事一般，可见那三个浑蛋，过去多么乱搞。小鲁这下子快刀斩乱麻，真是大快人心。员工们见到小鲁时，叫"鲁总经理好"的声音都变大了。

　　而且，既然上面有三个人走路，自然下面就有一堆人升上来，所以最近总听说这部门请客、那部门聚餐的事。小鲁倒也没架子，一请，就出席，每次进场都见员工起立鼓掌，领导权威突然间建立起来了，只有那老莫，还是一副老大的样子。

　　又是个星期五一大早，员工电脑屏幕上出现一行字："莫厂长请退获准，即日起生效。"

　　大家都怔住了，莫厂长是开疆老臣，他看起来壮得跟牛一样，总说要干到死，怎么可能退休呢？

有人说要上楼问问："为什么让老莫这样的好人离开？而且工厂那边怎么办？"但立刻被拉住了：

"前面赵钱孙才走，现在莫厂长又走，说不定有关系。"

"是啊！想想赵钱孙那么浑蛋，总算走人了。搞不好老莫也有什么问题，咱们不清楚，还是等等看，我想鲁总一定会有个交代的。"

大家正议论呢，上面又发了通知：

"萧启天经理调任新旺厂厂长。"

公司大楼里立刻响起一片欢呼：

"太好了！我们怎么忘记了老萧是工厂黑手出身的呢？以前猜老萧跟老鲁处不好，一直坐冷板凳，小鲁接手，也一定不会重用他。没想到年轻的鲁总这么宽怀，居然重新起用了老萧。公司万岁！鲁总万岁！"

职员们的欢呼声，不但在顶楼的小鲁听到了，连电话那头的琳琳都听到了。


## 点滴在心

赵钱孙三个人是小角色，对小鲁真正造成伤害的是老莫，要开刀，也该由老莫开起，为什么小鲁反而先由赵钱孙三个人下手呢？

因为这是统御的方法。

### 统治的技巧

你知道当耶稣被钉在十字架上的时候，旁边十字架上也钉了两个人吗？

他们是强盗，而且说不定在旁边还有不少坏蛋呢！只是《圣经》上没记载。

杀个好人，总要有一批坏人陪着砍头，这样对统治者才有利。

为什么?

为了不触犯众怒!也为了扭曲人民的印象。

## 苦药配蜜糖就不那么难吃了

你可以这么想——

中世纪的断头台,要处死犯人了,下面聚集了一大批民众。

如果今天只送上一个人,而且居然是大家最爱戴的好人,就算不出现"罗宾汉"抢劫刑场,民众也可能议论纷纷,或是不出一言。那沉默只怕更令统治者不安。

但是如果大牢里送出的是几个十恶不赦的坏蛋,是人人"得而诛之而后快"的江洋大盗,下面的群众又会怎么反应?

他们可能鼓掌、欢呼、叫好!

## 民意可以扭曲

好！这几个十恶不赦的坏蛋终于伏法了。但是行刑还没结束，接着又出来个人，居然是大家认为的好人。

这时的民众还会像"只杀一个好人"时那样反应吗？

抑或，他们由不满、不平，开始怀疑……

我们伟大的主子，能把最残害我们的坏蛋都抓来杀掉，可见他有多英明。而现在，主子要杀"他"，"他"会不会其实不是我们想象得那么好？"他"会不会也有该杀的道理呢？

## 词汇可以改变印象

人的心理很妙，他很容易被引导，甚至连你用的词汇都能影响。

譬如有个心理学的实验——

测试者先给一群人看交通事故的影片，接着问大家的印象。

当他问"刚才影片里，车子'冲撞'（smash）的速度大约是多少"时。

受测验的人答的平均速度是："四十点八英里。"

但是当他把题目改为"刚才影片里，车子'对撞'（collide）的速度大约是多少"时。

答案成了"三十九点三英里"。

而当那题目再改得缓和些，问"刚才影片里，两辆车不小心'擦撞'（contact）的速度大约是多少"时，大家的答案居然成为"三十一点八英里"。跟冲撞比起来，居然差了近三分之一。

**民调是很容易被导向的**

现在你就可以了解，为什么同一个时间，不同机构做的民调会有那么大的差距了。

那是因为题目之间可能产生的导向。

举个简单的例子——

竞选时，某民调问你：

1. 甲和乙谁比较年轻？你可能答：甲。

2. 甲和乙谁比较平民化？你可能也答：甲。

3. 甲和乙谁比较有改革的魄力？你可能还是答：甲。

最后，他问：甲和乙竞选，你比较会选谁？请问，你可能答谁？

至于另外一个民调的题目则是：

1. 甲和乙谁比较稳重？你可能答：乙。

2. 甲和乙谁的学历比较高？你可能又答：乙。

3. 甲和乙谁在政府工作的资历比较深？你可能还答：乙。

最后，他问：甲和乙竞选，你比较会选谁？请问，你可能答谁？

无可否认，如果你早已经是甲或乙的"死忠派"，题目怎么拟，都不太会影响你。

但是当你是中间选民，正举棋不定时，你在面对这两组民调的不同题目时，能不受影响吗？

## 处世艺术

### 杀的象征意义

好！现在让我们再回头看小鲁的做法，他先把大家都讨厌的赵钱孙三个人开革，让全公司"人心大快"。而且因为下面人往上升，而一团喜气。然后他看"时机成熟"了，再砍"功高震主"的老莫，是不是全公司的阻力就小得多了？何况……这时候他再用一个绝招——

把自己父亲最不欣赏，而坐冷板凳多年的老萧升上来，取代了老莫。那具有多大的象征意义啊！

**恩威并施的技巧**

《史记》里记载，汉高祖得到天下，有一天他看见许多将领坐在地上小声说话，就问张良："他们在说什么啊？"

张良说："您不知道吗？他们在谋反啊！因为您得到天下之后，分封赏赐的都是亲朋故旧，诛杀的都是您平生怨恨的。这些将士们之中，不乏得罪过您的人，想着您可能秋后算账，所以聚在一起打算造反。"

你猜汉高祖怎么办？

他把那群将领都抓来杀头吗？

错了！

他居然接受张良的计谋，把将领中自己最痛恨的雍齿升官授爵。

人心一下子安了！大家心想：

"连雍齿这种以前常欺侮刘邦的人，都能获封为什邡侯。可见刘邦是多么宽宏大量、不念旧恶的人，自己还有什么好担心的呢？"

小鲁这一招，不也是如此吗？

开革赵钱孙和老莫是"威"，重用老萧是"恩"。"威"带来"权"，"恩"带来"望"。一石两鸟，谁能说那不是处世的艺术？

# 第十二章

## 独 家 大 新 闻

当你发现女同事恶作剧
偷偷在你肩上喷香水时，
最好的方法就是把香水
抢过来从头到脚喷一遍。

麦克和琼丝正在游泳池边拥吻，突然墙头一闪，麦克立刻跳起来大叫，并率先追了过去，突然就听见墙后传来哎哟一声，接着咔嚓咔嚓，好像什么东西在滚动，再接着车门响，当麦克和他的保镖冲出去时，车子已经不见了。

"你们这些笨蛋！不是叫你们要在围墙外巡查吗？"麦克气得破口大骂。这时才见那个墨西哥大个子保罗慌慌张张地跑过来：

"对不起！对不起！因为我肚子痛，去泻肚子了。"

"泻肚子？"麦克问，"你泻多久？难道就这么一下子，狗仔队就上了墙头，而且好死不死，拍到我和琼丝亲热的镜头？"

连着两个多月，麦克和琼丝都在躲，从美国躲到欧洲，又从欧洲躲回好莱坞，硬是没让那些狗仔队拍到亲密的镜头。

"这下麻烦了，显然被哪个浑蛋拍到了。"麦克接过保镖递来的照相机，狠狠地说，"那小子八成是摔伤了，而且急得连相机都不要了，这么好的机器，加上这么大的长镜头，这值不少钱呢！"

"照相机后面的盖子是打开的，那'狗仔'还真鬼，千钧一发之际，还能记得把底片取出来。"麦克回到屋里，对琼丝摇摇头。

"那当然！"琼丝笑笑，"这么一个超级大独家，能卖多少钱啊！总算可以证明我们在谈恋爱了。"

"要不要放话出去，把照片买过来，把新闻压下去？"麦克问。

"笑话！"琼丝又笑了，"那岂不是遂了他的心？他想发财？好哇！让他发财啊！"

　　每个大报的记者都接到了电话，是麦克的经纪人打来的，说有重要的新闻发布。

　　比弗利山庄的交通立刻为之瘫痪，所有的记者和他们的摄影记者，甚至电视台的转播车都出动了。

　　麦克搂着琼丝站在门口欢迎，只见镁光灯齐闪。天哪！这是大家上山下海两个多月都拍不到的画面，现在居然就摆在眼前。

　　何止如此啊！

　　麦克和琼丝又请记者们到后院的游泳池，两个人居然往池边一躺，来了个拥吻。咔嚓！咔嚓！上百架相机的快门齐闪，两个记者还不小心跌下了池子……

外一篇

## 你猜他是谁

"你手上拿着的是什么啊?"小项才进门,就被美美一眼瞄见手上的小红盒子。

"是戒指!我要送给小云的。"

"借我看看!借我看看!"没等小项同意,美美居然一伸手,就把盒子抢了过去,接着打开盖子,叫了起来:"哇!好漂亮哟!"又抬头看着小项:"不少钱吧!借我戴戴看好吗?"

小项一皱眉:"不太好吧!"

"好啦!好啦!又不抢你小云的。"美美居然把戒指拿出来，一下子套在自己的无名指上，嫌大，又摘下，换在中指上，又嫌小，就用力戴，费尽力气总算套上了。接着美美对着光，伸直了胳臂，张开五指，歪着头，左看看、右看看："真漂亮！"

"好啦！好啦！"小项急了，"摘下来啦！"

美美又比了比、看了看，才伸手摘："糟了！卡住了！摘不下来了吔！"

小项更急了，帮着去摘，就见美美叫了起来："好痛哟！好痛哟！"连大楼管理员都站起来问："怎么了？"

"摘不下来啦！"美美索性一低头，开皮包，"多少钱？我出！你再去买一只好了。"

小项连汗都冒了出来，小云今天过生日，这是他想来想去，最有意义的礼物，看看表，已经快到下午上班时间了，他只好叹口气："好吧！五千块！拿来！"接着又跑出门，去那家银楼，再买了一只。

　　小项才冲出门，小云就进来了，正碰上美美还在大厅里，伸着手，看那新戒指呢！

　　"哇！好漂亮的戒指！"小云过去看，"谁买的？"

　　"不告诉你！"美美神秘地一笑，"是个年轻英俊的男士，而且是我们公司的。"

　　小云立刻瞪大了眼睛问："谁？"

　　"猜！"

　　"猜！"

　　烛光下，小项从口袋里掏出个红色的小盒子，递过去："你猜是什么？"

　　小云把小盒子抱在胸前，做出好陶醉的样子："是个胸针？"

　　小项摇摇头。

　　"是条项链？"

小项又摇摇头，指着盒子："打开来看看！"

小云慢慢打开盒子，脸色突然变了，沉声问："你是不是也送了一只给美美？"

"没有啊！没有啊！"小项脸色也变了。

"你说实话！你是不是也买了一只给她？"

"是她出的钱……"

小项吞吞吐吐，话才说一半，小云已经站起身，把餐巾一摔，冲出门去。

## 点滴在心

这两个故事说的是什么？

说的是"以退为进"的道理。

首先让我们看看麦克和琼丝。无可否认，他们认为时机还没成熟，不想让恋情太早曝光，但是百密一疏，被记者从墙头用望远镜头拍到了亲吻的画面。

怎么办？

只有两条路：一个是花大价钱，把照片买回来；一个是"以退为进"，既然已经曝了光，索性曝到底，把新闻做大，让每个媒体都拿到亲热的画面。

## 以退为进、一石两鸟

结果谁赢了？当然是麦克和琼丝赢了。

首先，他们出了名。因为是同时发布新闻，没有一家媒体敢"独漏"，所以新闻炒得火热，哪个演员不希望炒新闻？管他黄色的、绯色的，只要炒热就有利于出名。

从另一个角度想，如果他们不这样做，让那"狗仔"把照片拿出去高价兜售，然后由某报纸或某杂志"得标"，一家媒体发表，能比大家一起发表收看率高吗？

**宁可得罪一个，不要得罪一百个**

再进一步想，当别的媒体漏了新闻，那记者要不要火大？在公司会不会"吃排头"？于是可能挖麦克的疮疤，或制造小道消息报复，倒霉的又是谁？

而今麦克和琼丝主动通知，谁也不得罪，而且当大家知道已经有"狗仔"拍了独家，自己差点漏掉新闻的时候，是不是还得叫一声："好险！"然后暗自感谢麦克？

至于输家，当然是"狗仔"，他非但摔伤了、丢掉了值钱的照相机和长镜头，而且拍的照片不如别人清楚、精彩，还可能有人出钱向他买吗？

**战争时主动"转进"**

所以麦克和琼丝这一招，是以退为进，也是以进为退。对！他们是退让了，不得不让新闻曝光了。但也因为他们主动通知媒体，所以"退"，也是"进"，是以积极的态度面对问题。

"以退为进"是门很大的学问，大到外交、战争，小到办公室和家里的小事，为人都要懂得这个道理。

## 声东是为击西

相信你一定看过不少关于野生动物的影片。

当狮子接近猎豹的洞穴时，在远处发现狮子的母猎豹，为什么不急着赶回家保护它的"子女"，反而站在远处不断吼叫，挑衅狮子，然后向远处做出逃跑的样子？

因为它知道自己不是狮子的对手，既然不能硬拼，只好"以退为进"，引开狮子的注意力。

这世界上甚至有许多鸟，当人们接近它的巢穴时，它会在空中装作受伤折翼的样子，歪歪斜斜地摔到远处的地面。等人过去抓它的时候，再一下子飞走。

那也是"以退为进"的"欺敌之技"啊！

## 处世艺术

### 断尾是为保命

人当然更懂这一点了。

想想，如果有一天，敌人荷枪实弹要抓你，你带着妻子四处躲藏，终于被敌人包围，你自知逃不掉了。你该怎么办？

你是带着一家老小出去，还是自己开枪打死子女再自杀，抑或你一个人，举着双手主动跑出去？

"以退为进"是大智慧，你要当机立断，才能避免更大的伤害。

这更大的伤害，可能是敌人追杀你的时候，把你一家老小也杀了。也可能是记者"挖"你的甲新闻时，也挖出了更不能曝光的乙新闻和丙新闻。

而且就算他们挖不到什么别的新闻，只要你的甲新闻还在，他们就会一直挖，迟早挖出来，令你寝食难安，而且挖得愈久，对你的伤害愈大。反不如你自己"和盘托出"，使自己的神秘感消失，人们"偷窥"的欲望消失，于是你脱身了。

而且，你是"断尾求生"，虽然失去了尾巴，却能保有乙新闻、丙新闻不曝光，你以退为进，小输大赢。

### 宁可重起炉灶，不要愈描愈黑

好！现在再让我们回到第二个故事。

小云把戒指一甩、餐巾一摔，一扭头就走了。小项有多难堪啊！而且他怎么去收拾残局？

没错！美美手上的戒指是小项买的，而且跟小云的一模一样。

换作你是小云，发现男朋友早给别的女生买了一样的戒指，而且人家早戴在了手上，你能不火吗？

小项犯了什么错？

他最少错了两件事——

第一，他回头去买，应该换只不一样的，女人最怕"撞衫"，当然也怕撞戒指，就算再买的不如前一只好，问题也不会闹大。

第二，他应该以最快的速度告诉小云，主动先对小云说："我今天真气死了！那个'三八'美美，我给你买了只戒指，在门口碰到她，她居然抢过去硬戴，而且摘不下来了，幸亏她还识相，把钱赔给我……"

无可否认，许多女生都会在这时候故意现出狐疑的眼光:"是真的吗？不是你确实买给她,恶人先告状吧？"

但那狐疑是假的,就算里面有点真,也比后来发现好得多啊!

## 露一腿不如露全部

我们常常要"以退为进",而且是主动地退,抓住第一时间,立刻采取行动。

知道了这一点,如果有天你在办公室的电脑出了问题或中了病毒,于是下班之后请位男同事帮忙"救治",救到太晚,男同事和你不得不打电话回家向老婆、老公请假。搞到九点、十点,还没修好,突然公司大门开了,进来个同事,说是因为忘记东西回来拿,远远看见你们二人,这时候你要怎么办?

装作没看见,还是立刻不出声,免得对方注意,又还是故意大声谈话，使对方知道你们在讨论事情？

抑或——

你主动叫那位同事："快！快！快！来帮帮我！"就算你知道那人根本不懂、帮不上忙，也硬去拉他来了解情况？

你必须知道，即使进来的是个警卫或工友，为了避免他猜，而且很快地传得满城风雨，你也得立刻想出个借口，请他过来一下。

**如果黛安娜懂得"以退为进"**

"以退为进"不是真退，而是"转进"。懂得以退为进的人，总能避免更大的伤害。

想想，黛安娜王妃既然已经决定跟法耶好了（甚至传言，她已经怀了孕），她又何必一直躲狗仔队？就算躲，犯得着叫司机没命地飞车吗？

她如果懂得"以退为进"，发现再快也快不过狗

仔队的摩托车，不如干脆把车放慢，或往路边一停，
任你们拍吧！

　　那么今天黛安娜是不是还风风光光地活着？

## 后记

# 小 动 作 大 学 问

记得我在美国教书的时候，有一天，一个台北来的助教哭丧着脸跑来找我，说她受了教授的气。

"那教授早上对我说'倒杯咖啡，加奶精'。我就去帮他倒，但是加完奶精，想到每天看他自己弄咖啡时也加糖，所以又帮他加了一包糖。可是当我端给教授，他尝了一口，居然板着脸问我为什么加糖。我说'你不是都加糖吗？'他就冒起火来，说他没要我加糖，只说加奶精，他因为血糖太高，不能吃糖了。"那助教一边说一边掉下眼泪，"我是好心给他加，没想到好心没好报，下次再也不好心了！"

我问："下次你怎么做呢？"

"他要加奶精，我就只加奶精，绝不会多此一举。"她愤愤地说。

我拍拍她："你是学到了在西方世界处世的方法，但是没学到处世的艺术。"

"处世的艺术？"助教看我。

"对！如果你懂得处世艺术，就照他说的，只给他加奶精，但是另外，你可以附一包糖和一根搅拌棒在旁边。"我说。

转眼十几年过去。

有一天我再遇到那个助教，她已经结婚，而且当上银行的主管，居然还记得那杯咖啡的事。一见面就对我笑道：

"谢谢您当年告诉我，我现在回想，当时确实做错了，我发现新来的中国朋友常犯这毛病，就是画蛇添足、自作主张，还认为自己对，甚至认为那是人情味的表现。可是，换个角度，如果在中国圈做事就不一样了，老板叫你加奶精，你不给他加糖，他真可能认为你笨。结果，在东西方都不出错的方法，就是照您说的——附加一包糖。"那助教笑道："我后来碰上这种情况，就照您说的做，对方都会先一怔，然后赞美我细心，我还把这一招教了好多朋友呢！"

也记得我在早期的作品里曾提到，有个学生对我说，她第一天上班，老板说一句，她答一声"对"，没想到老板立刻板起脸训她："什么'对不对'？要说'是'！只有上司同意下面人看法的时候，可以说'对'；当你只是听命行事的时候，要说'是'！"

自从那篇文章发表，我接到许多读者的来信，说他们觉得故事真有道理，从此对父母师长，都改说"是"，而且影响好多人，现在已经一片都是"是"了！

再提一件小事——

某年，我去日本的一个大出版社，一位年轻职员在门外迎接我，他先带路在前面走，但是到大门前，突然止步，伸手请我先进。接着下楼，他先鞠躬，说由他带路。但是转过一个长廊，上楼，他又让开，要我先上。等到了楼上，再快步跑到我前面一点，说由他带路。

我被弄得一怔一怔的，但是不能不赞赏那职员的态度，因为他严格遵守了"下楼时主人先下，上楼时客人先上"，以及"对熟悉的地方，客人走在前面；对生疏的地方，由主人在前面带路"的原则，使我对那公司，一开始就有了"他们做事会很严谨"的好印象。

处世的艺术有时候就这么简单，如同前面书里说的"接线生、接待人员"的礼貌，当侍者把汤不小心弄到你身上的反应，为别人做伴郎、伴娘和招待时应有的考量，乃至在公园里为了避免尴尬而做的回避，以及身处弱势时，怎样顾全大局、忍一时之气。

我也强调了"骂人容易，赞美人反而要小心"的道理，以及"以退为进"，主动把可能引人误会，或对自己不利的情况"摊开来"的技巧。还举了实例，证明"民调"和"人们印象"是多么容易被导向。

可以说这本书的内容，有轻的，也有重的。在平常微不足道的小事后面，都可能有个大大的处世哲学；而当那哲学运用巧妙的时候，则成为一种艺术。就像《翠玉罗生门》里，大家都赢了，没有人输。

希望这本书能够带给您"点滴在心"的会心一笑，也希望它能教您几招"使最多人获利、最少人受伤"的处世艺术。